Die Preußischen Besoldungsvorschriften

vom 8. Juli 1921.

(P. B. V.)

Herausgegeben von

Dr. Erythropel

Ministerialrat im Preußischen Finanzministerium
Geheimen Oberfinanzrat

Ergänzungsheft zu
Erythropel, Die Preuß. Besoldungsgesetze
2. Auflage

1921

Verlag von H. W. Müller

Berlin SW. 68, Schützenstr. 29/30.

Die Preußischen Besoldungsvorschriften

vom 8. Juli 1921.

(P. B. V.)

Herausgegeben von

Dr. Erythropel

Ministerialrat im Preußischen Finanzministerium
Geheimen Oberfinanzrat

Ergänzungsheft zu
Erythropel, Die Preuß. Besoldungsgesetze
2. Auflage

1921
Verlag von H. W. Müller
Berlin SW. 68, Schützenstr. 29/30.

Druck von Dr. F. P. Datterer & Cie., Freising-München.

Vorbemerkung des Herausgebers.

Die vom Finanzminister im Einvernehmen mit dem Staatsministerium nach Anhörung des Staatsrats erlassenen, mit Wirkung vom 1. April 1920 in Kraft getretenen Preußischen Besoldungsvorschriften vom 8. Juli 1921 (P. B. V) enthalten die bis auf weiteres endgültigen Bestimmungen zur Ausführung des Beamten-Diensteinkommensgesetzes vom 17. Dezember 1920 (GS. 1921 S. 135). Sie beruhen auf § 35 und — soweit darin die Festsetzung des Besoldungsdienstalters der in planmäßige Beamtenstellen übergetretenen ehemaligen aktiven Offiziere des Heeres und der Marine sowie der Schutztruppen (Ziff. 36), ehemaliger Soldaten der Wehrmacht (Ziff. 42), der Schutzpolizeibeamten einschließlich der in den Verwaltungsdienst der Schutzpolizei eingestellten ehemaligen Soldaten der Wehrmacht und der in planmäßige Stellen des sonstigen Zivildienstes übergetretenen ehemaligen Schutzpolizeibeamten geregelt ist (Ziff. 81) — auf § 3 Abs. 4 des genannten Gesetzes.

Alle bisher erlassenen entgegenstehenden Ausführungsbestimmungen sind durch die P. B. V. als beseitigt anzusehen (Einleitung und Ziff. 179 Abs. 2), insbesondere also die „Vorschriften für die Festsetzung der nach Dienstaltersstufen geregelten Gehälter der unmittelbaren Staatsbeamten" (Gehaltsvorschriften) vom 17. August 1911, deren Bestimmungen bisher noch in weitem Umfange, namentlich bei der Berechnung des Besoldungsdienstalters, von Wichtigkeit waren. Der Erlaß des Finanzministers vom 21. Januar 1921 — B 1626 — (FinMinBl. 1921 S. 33 ff.), soweit er sich auf die Dienstbezüge der im Amt befindlichen unmittelbaren Staatsbeamten bezieht und die gleichen Gegenstände wie die P. B. V. behandelt — Abschnitt I A a (Besoldungsdienstalter) Ziff. 1, Ziff. 2 Abs. 1 bis 3 und Beispiele, Ziff. 4, c (Dienstwohnungen) Ziff 1 bis 6, d (Kinderbeihilfen) Ziff. 1 bis 14, B a (Diensteinkommen der nichtplanmäßigen Beamten) Ziff. 1 und 2 — nebst den Erlassen des Finanzministers vom 22. Dezember 1920 — B 1603 — (FinMinBl. 1921 S. 3) und vom 3. Mai 1921 — B 2066 — (FinMinBl. 1921 S 227) ist ebenfalls hinfällig geworden (vgl. jetzt Ziff. 28, 47, 52, 97 bis 102, 107 bis 122, 126 und 127, 167, 169, 172, 174 P. B. V.). Dagegen ist Abschnitt I A a Ziff. 2 Abs. 4, Ziff. 3 (Behandlung der in der Besoldungsordnung mit dem Zeichen *) gekennzeichneten „Aufrückungsstellen“), b, B a Ziff. 3 und 4, b Ziff. 1 bis 3 und Abschnitt II (Versorgungsgebührnisse der Wartegeldempfänger, Ruhegehaltsempfänger und Hinterbliebenen) des Erlasses vom 21. Januar 1921 unberührt geblieben.

Von weittragender Bedeutung sind vor allem die Bestimmungen über die Berechnung des Besoldungsdienstalters (Ziff. 10 bis 85) und des Anwärterdienstalters (Ziff. 137 bis 166), die manches Neue enthalten und den Beamten manche Verbesserung bringen. Hier hat der Gesetzgeber mit voller Absicht in Anerkennung des Umstandes, daß zu enge gesetzliche Fesseln den Bedürfnissen der Praxis nicht gerecht würden, den Ausführungsbestimmungen weiten Spielraum gelassen (§ 3 Abs. 1 Satz 1 und § 13 Abs. 1 Satz 1 BDEG.), allerdings mit der besonderen Einschränkung, daß die zur Ergänzung der gesetzlichen Vorschriften über die Festsetzung des Besoldungsdienstalters erforderlichen Bestimmungen dem Landtage zur Nachprüfung vorgelegt werden müssen (§ 35 BDEG.). Diese Nachprüfung hat noch zu geschehen. Inzwischen werden die mit der Berechnung und Festsetzung der Dienstbezüge betrauten Behörden unbeschadet etwaiger Änderungen, die der Landtag demnächst noch vornehmen sollte, mit den vorliegenden Bestimmungen bis auf weiteres arbeiten können.

Der Finanzminister hat die P. B. V. mit einem an die ihm nachgeordneten Behörden gerichteten Erlaß vom 8. Juli 1921 — Bes 2314 — begleitet, in dem die wichtigsten Neuerungen hervorgehoben und dem eine große Anzahl weiterer Beispiele beigefügt sind. Dieser Erlaß ist im Anhang S. 59 ff. abgedruckt.

Inhaltsübersicht.

Ausführungsbestimmungen

zum Beamten-Diensteinkommensgesetz (BDEG.) vom 17. Dezember 1920 — GS. 1921 S. 135 — (Preußische Besoldungsvorschriften — PBV.).

Zur Ausführung des Beamtendiensteinkommensgesetzes vom 17. Dezember 1920 — GS. 1921 S. 135 — werden unter Beseitigung aller bisher erlassenen entgegenstehenden Ausführungsbestimmungen mit Zustimmung des Staatsministeriums nach Anhörung des Staatsrats folgende Preußische Besoldungsvorschriften (PBV.) erlassen:

Erster Teil:

Dienstbezüge.

Erster Abschnitt:

Planmäßige Beamte.

1. Die planmäßigen Beamten erhalten:

I. Grundgehalt und Ortszuschlag (§§ 1 bis 7 BDEG.) sowie in besonderen Fällen: Sondervergütungen, Nebenbezüge und sonstige Vergünstigungen (§§ 8 bis 10 BDEG.).
II. Kinderbeihilfen (§ 17 BDEG.).
III. Ausgleichszuschlag (§ 18 BDEG.).

I.

1. Grundgehalt.

A. **Allgemeines.**

2. ($_1$) Das Grundgehalt bemißt sich nach der Besoldungsordnung (BO.) Anlage 1 des BDEG. Eine Zusammenstellung der Grundgehaltssätze enthält die diesen Besoldungsvorschriften beigegebene Gehaltstafel.

($_2$) Die Zahlung des Grundgehalts beginnt mit dem Tage der planmäßigen Anstellung (vgl. Ziffer 12 und 13).

3. Beamten, die gleichzeitig mehrere in der BO. vorgesehene Stellen bekleiden, wird das Grundgehalt nur einmal gewährt, und zwar für diejenige Stelle, für die das höhere Grundgehalt vorgesehen ist (§ 1 Abs. 3 BDEG.).

4. Beamte, die infolge der Umbildung der Staatsbehörden oder infolge Abtretung von Gebieten oder Staatswerken aus dienstlichen Rücksichten in Stellen einer Besoldungsgruppe mit geringeren Grundgehaltssätzen verwendet werden, erhalten während der Dauer dieser Verwendung das Grundgehalt, das sie in ihrer früheren Stelle nach den Vorschriften des BDEG. bezogen hätten (§ 25 Abs. 4 BDEG.).

5. Weibliche Beamte in den in der BO. mit einem †) bezeichneten Stellen erhalten die Grundgehaltssätze um 10 v. H. gekürzt. Auf die Berechnung des Ortszuschlags ist die Kürzung des Grundgehalts ohne Einfluß.

B. Dienstaltersstufen.

6. ($_1$) Das Grundgehalt, soweit es nicht ein Einzelgehalt ist, steigt nach Dienstaltersstufen von zwei zu zwei Jahren bis zur Erreichung des Höchstgehalts (§ 2 Abs. 1 BDEG.). Ob bei längerer Beurlaubung ohne Gehalt das Besoldungsdienstalter um die Zeit des Urlaubs zu kürzen ist, entscheidet der Fachminister vor Erteilung des Urlaubs. Wird das BDA. gekürzt, so bleibt die Zeit des Urlaubs bei Berechnung der zweijährigen Zeiträume außer Betracht.

($_2$) Die höheren Grundgehaltssätze werden jeweils vom Ersten des Kalendermonats an gezahlt, in den der Eintritt in die neue Dienstaltersstufe fällt. Sie sind schon vom Tage der ersten planmäßigen Anstellung ab (Ziffer 12 und 13) zu gewähren, wenn der Beamte auf Grund der Anrechnung früherer Dienstzeit oder Beschäftigung eine höhere Gehaltsstufe bereits erreicht hat oder spätestens im Laufe des Anstellungsmonats erreichen würde.

7. ($_1$) Auf das Aufrücken im Grundgehalt haben die planmäßigen Beamten einen Rechtsanspruch. Der Anspruch ruht, solange ein förmliches Disziplinarverfahren oder wegen eines Verbrechens oder Vergehens ein Hauptverfahren oder eine Voruntersuchung schwebt. Führt das Verfahren zum Verluste des Amtes, so findet eine Nachzahlung des zurückbehaltenen Mehrgehalts nicht statt (§ 2 Abs. 2 BDEG.). Andernfalls sind die vorenthaltenen Beträge nachzuzahlen.

($_2$) Führt ein strafgerichtliches Verfahren zur Verurteilung wegen eines Verbrechens oder Vergehens, und wird binnen eines Monats nach Abschluß des strafgerichtlichen Verfahrens wegen der nämlichen Tatsache ein förmliches Disziplinarverfahren eingeleitet, so ruht der Anspruch auf Gewährung von Dienstalterszulage auch während der Zwischenzeit.

8. Ist der höhere Grundgehaltssatz (und Ortszuschlag) nicht rechtzeitig angewiesen, so sind die Beträge nachzuzahlen, die der Beamte bei rechtzeitiger Anweisung mehr erhalten hätte.

9. Die vor dem Ausscheiden oder vor dem Ableben eines Beamten fällig gewordenen Mehrbeträge an Grundgehalt (und Ortszuschlag) sind, soweit sie nicht rechtzeitig angewiesen sind, dem Beamten oder den Erben in Höhe desjenigen Betrags nachzuzahlen, den der Beamte bei rechtzeitiger Anweisung mehr erhalten hätte.

C. Besoldungsdienstalter (BDA.).

a) Allgemeines.

10. Der Tag, auf den das BDA. eines planmäßigen Beamten mit aufsteigendem Gehalte festgesetzt wird, bezeichnet den Zeitpunkt, welcher der Berechnung der dem Beamten in seiner Besoldungsgruppe zukommenden Gehaltsstufe zugrunde gelegt wird. Von diesem Zeitpunkt an sind die Zeitabschnitte für das Verbleiben im Anfangsgrundgehalt und für das Aufsteigen in die höheren Gehaltsstufen zu rechnen. Das BDA. kommt — soweit nicht ein anderes bestimmt ist — nur für die Regelung der Gehaltsbezüge in Betracht, insbesondere ist es für die Berechnung der ruhegehaltsfähigen Dienstzeit ohne Bedeutung.

Beginn des BDA.

11. ($_1$) Das BDA. beginnt mit dem Tage der Anstellung in der jeweiligen planmäßigen Stelle, soweit nicht im BDEG. oder in diesen BV. etwas Abweichendes bestimmt oder zugelassen ist (§ 3 Abs. 1 BDEG.).

($_2$) Ein Beamter, der von einer Verwaltung zur anderen oder innerhalb derselben Verwaltung von einem Dienstzweig in den anderen übertritt, aber in derselben Besoldungsgruppe verbleibt, behält in seiner neuen Dienststelle im allgemeinen das BDA., das er in der alten Stelle gehabt hat. Erfolgt der Übertritt auf Wunsch des betreffenden Beamten, so kann der Übertritt davon abhängig gemacht werden, daß der Beamte in der neuen Dienststelle kein günstigeres BDA. erhält, als es die Beamten der regelmäßigen Laufbahn mit gleich langer Gesamtdienstzeit besitzen (vgl. Ziffer 18 Abs. 2).

12. Als Zeitpunkt der planmäßigen Anstellung gilt der Tag, von dem an der Beamte bei Verleihung der planmäßigen Stelle — sei es unwiderruflich, sei es auf Widerruf oder Kündigung — das damit verbundene Stelleneinkommen erhält. Die Übertragung der Verwaltung einer planmäßigen Stelle auf Probe oder Widerruf bleibt außer Betracht, und zwar auch dann, wenn der Beamte während dieser Zeit das volle Stelleneinkommen bezogen hat. Jedoch gilt für den mit Vorbehalt einer Probezeit angestellten Beamten der erste Tag des Monats seiner Bestätigung in der Stelle als Tag der planmäßigen Anstellung.

13. ($_1$) Eine durch den Haushaltsplan neu geschaffene Stelle kann mit Rückwirkung bis zum Beginne des Rechnungsjahrs, eine andere freie Stelle mit Rückwirkung von höchstens 3 Monaten verliehen werden, wenn und solange der betreffende Beamte die Obliegenheiten der ihm übertragenen oder einer gleichwertigen Stelle tatsächlich wahrgenommen hat.

($_2$) Auch ohne diese Voraussetzung kann eine freie Stelle mit Wirkung vom 1. oder einem sonstigen Tage des Kalendermonats an rückwirkend verliehen werden, in dem die Verleihung verfügt wird.

($_3$) Eine Stelle, die dadurch rückwirkend frei wird, daß ihr Inhaber eine andere Stelle rückwirkend übertragen erhält, kann mit Rückwirkung von höchstens 3 Monaten verliehen werden.

(4) Eine Verleihung mit rückwirkender Kraft darf hiernach grundsätzlich nur für eine Zeit erfolgen, in der das Stelleneinkommen frei war. Eine solche Verleihung soll, soweit es sich nicht um neu geschaffene Haushaltsstellen handelt, nur in Ausnahmefällen zur Vermeidung besonderer Unbilligkeiten erfolgen. Sie soll nur mit Zustimmung des Beamten ausgesprochen werden, wenn er sich durch die Anstellung, z. B. infolge Verminderung des Ortszuschlags, in seinen Bezügen verschlechtert.

(5) Die Rückwirkung sichert dem Beamten insbesondere den früheren Bezug des Stelleneinkommens und gegebenenfalls ein günstigeres BDA. Sie hat dagegen beispielsweise nicht die Bedeutung, daß bei einer Anstellung außerhalb des bisherigen Beschäftigungsortes eine Mehraufwandsentschädigung für den Zeitraum der Rückwirkung zu gewähren wäre oder die nach der Dienststellung abgestuften Tagegelder, Mehraufwandsentschädigungen und ähnlichen Bezüge nachträglich anders festzusetzen wären.

Festsetzung des BDA.

14. Das BDA. wird — abgesehen von den Fällen, in denen nach diesen BV. die Festsetzung durch den Fachminister allein oder im Einverständnis mit dem Finanzminister erfolgt — von den in den einzelnen Verwaltungen dazu bestimmten Stellen festgesetzt.

15. (1) Der Beginn des BDA. ist stets genau auf den Kalendertag, nicht etwa auf den ersten Tag des laufenden Monats oder des nächstfolgenden Monats oder den Vierteljahresersten festzusetzen.

(2) Ist eine Zeit auf das BDA. anzurechnen, so wird dessen Beginn entsprechend vorgerückt. Wird eine Zeit von der Anrechnung auf das BDA. ausgeschlossen, so wird dessen Beginn auf einen entsprechend späteren Tag festgesetzt.

(3) Dienstzeiten, die nicht volle Jahre umfassen, sind nach Tagen einschließlich der 31 Monatstage zu berechnen. Mehrere getrennte Dienstzeiten sind rechnungsmäßig besonders zu behandeln. Bei der Zusammenrechnung werden je 365 Tage als 1 Jahr angesetzt, und zwar auch dann, wenn bei den einzelnen Dienstzeiten Schalttage angerechnet sind. Wenn dagegen eine anzurechnende Dienstzeit überschießende Tage umfaßt, die nicht aus einem Schaltjahr herrühren, oder die zwar aus einem Schaltjahr herrühren, den Schalttag aber nicht enthalten, so ist bei der Zurückrechnung der überschießenden Tage zur Berechnung des Besoldungsdienstalters ein unter den zurückgerechneten Tagen etwa befindlicher Schalttag außer Betracht zu lassen.

16. Der Beamte ist von jeder Festsetzung seines BDA. unter Hinweis auf Ziffer 18 schriftlich zu benachrichtigen (§ 3 Abs. 9 BDCG.).

17. Die Entscheidung der Verwaltungsbehörden über die Festsetzung des BDA. ist für die Beurteilung der vor den Gerichten geltend gemachten vermögensrechtlichen Ansprüche maßgebend (§ 3 Abs. 10 BDCG.).

18. Sind einem Beamten z. B. infolge unrichtiger Eingruppierung, unrichtiger Festsetzung des BDA. oder aus anderen Gründen Beträge angewiesen worden, die ihm nicht zukamen, so sind nach Berichtigung des Versehens die zuviel gezahlten Beträge wieder einzuziehen, soweit dies nach den Vorschriften des bürgerlichen Rechts zulässig ist (vgl. insbesondere §§ 818 bis 822 BGB.). Die Beamten sind verpflichtet, die Festsetzung ihres BDA. und ihre Berechtigung zum Empfange der jeweils angewiesenen Bezüge alsbald nachzuprüfen und Versehen unverzüglich zur Anzeige zu bringen; verletzen sie vorsätzlich oder fahrlässig diese Verpflichtung, so haften sie für die dadurch herbeigeführte Schädigung der Staatskasse und können sich mithin auf den etwaigen Wegfall der Bereicherung (§ 818 Abs. 3 BGB.) nicht berufen. Soweit hiernach eine Wiedereinziehung zuviel gezahlter Beträge zulässig und möglich ist, kann davon mit Genehmigung des Fachministers abgesehen werden.

19. Sind nachträglich Umstände bekannt geworden, die, abgesehen von Billigkeitsgründen, eine Vorrückung des BDA. zur Folge haben, so sind die Beträge nachzuzahlen, die der Beamte mehr erhalten hätte, wenn das BDA. von Anfang an richtig festgesetzt worden wäre, jedoch nicht für eine vor dem 1. April 1920 liegende und nach Ausführung des BDEG. nicht für eine über ein Jahr zurückliegende Zeit.

b) Anrechnung von nichtplanmäßiger Dienstzeit auf das BDA.

20. (1) Bei der Festsetzung des BDA. der nach dem 31. März 1920 planmäßig angestellten Beamten ist von der Zeit, die bei dem gleichen Dienstzweig zwischen dem Beginne des Anwärterdienstalters (Ziffer 140 ff.) und der ersten planmäßigen Anstellung verbracht worden ist, bei Zivilanwärtern der Teil, der 5 Jahre, bei Militäranwärtern der Teil, der 4 Jahre übersteigt, auf das BDA. anzurechnen (§ 13 Abs. 2 Satz 1, § 25 Abs. 2 und § 37 BDEG.), bei Militäranwärtern jedoch nur insoweit, als dieselbe Anwärterzeit nicht bereits zu der nach § 3 Abs. 3 Satz 1 BDEG. vorgesehenen Anrechnung in Anspruch genommen ist.

(2) Einer nichtplanmäßigen Dienstzeit bei dem gleichen Dienstzweig ist die Zeit gleichzuachten, die nach Ziffer 147 ff. auf das Anwärterdienstalter angerechnet wird.

21. (1) Eine Anrechnung der nichtplanmäßigen Dienstzeit auf das BDA. ist insoweit ausgeschlossen, als sich die planmäßige Anstellung auf eigenen Wunsch des Beamten, wegen unzureichender Befähigung oder aus einem sonstigen, in der Person des Beamten liegenden Grunde — ausgenommen Krankheit — verzögert hat.

(2) Hat sich die erste planmäßige Anstellung wegen unzureichender Befähigung oder mangelhafter Führung des Beamten verzögert, so kann nach einer Bewährungsfrist von mindestens 2 Jahren — gerechnet vom Tage der planmäßigen Anstellung ab — mit Genehmigung des Fachministers das BDA. so festgesetzt werden, als ob die planmäßige Anstellung rechtzeitig erfolgt wäre. Eine Nachzahlung von Dienstbezügen findet aus diesem Anlaß nicht statt; die nach dem neu errechneten BDA. zustehenden Bezüge sind frühestens vom 1. d. Mts. an zu zahlen, in dem die Genehmigung ausgesprochen wird.

(3) Abs. 2 darf beim Vorliegen besonderer Billigkeitsgründe auch angewendet werden, wenn die verzögerte planmäßige Anstellung schon vor dem Inkrafttreten dieser BV. erfolgt ist.

(4) Ist vor dem Inkrafttreten dieser BV. die Zeit einer Verzögerung der planmäßigen Anstellung wegen Krankheit nicht auf das BDA. ange-

rechnet worden, so ist das BDA. auf Antrag unter Berücksichtigung der Krankheitszeit so festzusetzen, als ob die planmäßige Anstellung rechtzeitig erfolgt wäre. Über die Nachzahlung von Dienstbezügen entscheidet der Fachminister.

22. ($_1$) Als eine bei dem gleichen Dienstzweig im Sinne der Ziffer 20 verbrachte Dienstzeit ist nur die bei derselben Verwaltung zurückgelegte Dienstzeit anzusehen, d. h. die Dienstzeit bei Behörden, die demselben Ministerium unterstehen, einschließlich des Ministeriums selbst.

($_2$) Für den Begriff des gleichen Dienstzweiges kommt es hierbei nur darauf an, daß dasselbe Arbeitsgebiet (z. B. Finanzverwaltung, Polizeiverwaltung), nicht aber darauf, daß dieselbe Arbeitsart (z. B. mechanische Arbeit, handwerksmäßige Arbeit, unselbständige geistige Arbeit, selbständige geistige Arbeit) gegeben ist.

($_3$) In Zweifelsfällen entscheidet der Fachminister im Einvernehmen mit dem Finanzminister.

($_4$) Der Fachminister kann im Einvernehmen mit dem Finanzminister bestimmen, daß als gleicher Dienstzweig auch eine gleichartige Beschäftigung im Bereich eines anderen Ministeriums anzusehen ist.

23. ($_1$) Ob und wieweit zum Ausgleich von Härten die Dienstzeit in einem anderen Zweige des Staatsdienstes auf das BDA. angerechnet werden kann, bestimmt der Fachminister in Gemeinschaft mit dem Finanzminister.

($_2$) Eine solche Anrechnung darf nicht erfolgen, soweit sich dadurch für den betreffenden Beamten ein günstigeres BDA. ergeben würde, als es ein Beamter der regelmäßigen Laufbahn mit gleich langer Gesamtdienstzeit bei regelrechtem Aufstieg besitzt. Statt der Gesamtdienstzeit kann auch das Prüfungsdienstalter oder das Anwärterdienstalter zum Anhalt genommen werden, wenn es einen sicheren Vergleichsmaßstab abgibt; letzten Endes das Lebensalter.

($_3$) Die Anrechnung ist ferner ausgeschlossen, soweit schon durch die Anrechnung derselben Dienstzeit auf das Anwärterdienstalter eine Verbesserung des BDA. nach Ziffer 20 einzutreten hat.

24. Für die nicht unmittelbar aus Stellenanwärtern hervorgegangenen planmäßigen Beamten wird zunächst das AnwDA. (§ 13 Abs. 1 BDEG.) festgesetzt, sodann ist bei der planmäßigen Anstellung eines derartigen Beamten zu ermitteln, welche Zeitabschnitte nach Ziffer 140 ff. auf sein AnwDA. anzurechnen wären, wenn er als nichtplanmäßiger Beamter derselben Besoldungsgruppe oder im Falle der Ziffer 63 der Eingangsgruppe angestellt wäre. Nach Maßgabe dieses AnwDA. ist sodann gemäß Ziffer 20 und 63 sein BDA. als planmäßiger Beamter festzusetzen.

c) Anrechnung von Zeit praktischer Beschäftigung auf das BDA.

25. Ob und wieweit zur Vermeidung von Härten die Zeit praktischer Beschäftigung außerhalb des Staatsbeamtenverhältnisses auf das BDA. angerechnet werden kann, wird von dem Fachminister in Gemeinschaft mit dem Finanzminister bestimmt. Die hierbei anzurechnende Zeit darf die Hälfte der Gesamtaufrückungszeit der Besoldungsgruppe nicht übersteigen, in der der Beamte planmäßig angestellt wird. Darüber hinaus können die genannten Minister in besonders gearteten Ausnahmefällen eine Vorrückung des BDA. zulassen (§ 3 Abs. 7 BDEG.).

26. (1) Als praktische Tätigkeit im Sinne der Ziffer 25 kommt grundsätzlich nur eine Tätigkeit in Frage, die der Tätigkeit des Beamten in der Stelle, in der die Anstellung erfolgt, gleichwertig und förderlich ist.

(2) Von der Ermächtigung in Ziffer 25 Satz 3 soll nur in ganz besonderen Ausnahmefällen Gebrauch gemacht werden.

(3) Ziffer 23 Abs. 2 und 3 gelten sinngemäß.

d) Anrechnung von Militär- und Marinedienstzeit der Militäranwärter (vgl. auch Ziffer 179) auf das BDA.

27. (1) Den Militäranwärtern (Inhabern des Zivilversorgungsscheins) wird bei der ersten planmäßigen Anstellung, wenn sie im Heere oder in der Marine

a) 9 Jahre oder weniger gedient haben, die tatsächlich abgeleistete Militär- und Marinedienstzeit bis zu einem Jahre,
b) über 9 Jahre gedient haben, außerdem die nachfolgende Militär- und Marinedienstzeit und die nachfolgende Zivildienstzeit, wenn die Gesamtdienstzeit 13 Jahre nicht überschritten hat, mit höchstens weiteren 4 Jahren, bei längerer Dienstzeit — vorbehaltlich der Ziffer 179 Abs. 3 — für je 2 Dienstjahre mit einem weiteren Jahre bis zur Höchstgrenze von insgesamt 8 Jahren auf das Besoldungsdienstalter angerechnet (§ 3 Abs. 3 BDEG.).

Außerdem wird die 4 Jahre übersteigende Anwärterdienstzeit (§ 13 Abs. 2 BDEG.) angerechnet, soweit nicht schon eine Anrechnung nach b erfolgt ist. Die vor dem vollendeten 17. Lebensjahre liegende Militär- und Marinedienstzeit bleibt außer Betracht, soweit es sich nicht um tatsächlich geleistete Kriegsdienstzeit handelt (§ 3 Abs. 3 BDEG.). Unter einer tatsächlich geleisteten Kriegsdienstzeit ist die Dienstzeit auf einem Kriegsschauplatze bei einem planmäßigen Truppenteile der Wehrmacht zu verstehen.

(2) Hiernach wird bei der ersten planmäßigen Anstellung auf das BDA. angerechnet:

a) den Militäranwärtern, die nicht mehr als 9 Jahre im Heere oder in der Marine gedient haben, die tatsächlich abgeleistete Militär- oder Marinedienstzeit bis zu einem Jahre;
b) den Militäranwärtern, die mehr als 9 Jahre im Heere oder in der Marine gedient haben, von tatsächlich abgeleisteten Militär-, Marine- und der nachfolgenden Zivildienstzeit (vgl. Ziffer 29), wenn die Gesamtdienstzeit 13 Jahre nicht überschritten hat, das 1., 10., 11., 12. und 13. Jahr, im günstigsten Falle also eine Zeit von insgesamt 5 Jahren;
c) den Militäranwärtern, die bei mehr als 9 jähriger Militär- oder Marinedienstzeit mehr als 13 Jahre Militär- und Zivildienstzeit nachweisen können — vorbehaltlich der Ziffer 179 Abs. 3 —, von der tatsächlich abgeleisteten Militär-, Marine- und der nach-

folgenden Zivildienstzeit (vgl. Ziffer 29) außer der unter b genannten Zeit für je zwei weitere Dienstjahre 1 Jahr bis zur Höchstgrenze von insgesamt 8 Jahren, also beispielsweise bei einem Militäranwärter mit einer Militär- und Zivildienstzeit von insgesamt

14 Jahren	250 Tagen	. . . .	5	Jahre,
15 „	180 „	. . . .	6	„
16 „	213 „	. . . .	6	„
17 „	90 „	. . . .	7	„
18 „	120 „	. . . .	7	„
19 „	und mehr	. . . .	8	„

Beispiel:

Ein Militäranwärter, der vom 1. 10. 1905 bis zum 30. 9. 1917 gedient und vom 1. 10. 1917 bis zum 31. 3. 1918 seine Probedienstzeit abgeleistet hat, wird am 1. 4. 1918 endgültig als Regierungs-Bürodiätar übernommen und am 1. 4. 1922 planmäßig angestellt. Sein BDA. ist auf den 1. 4. 1917 festzusetzen.

($_3$) Die Kriegsdienstzeit und eine nach dem Kriege 1914—1918 abgeleistete, dem Militärdienst gleichstehende Dienstzeit kann nur denjenigen Kapitulanten als Militärdienstzeit angerechnet werden, die bei Ausbruch des Krieges noch beim Militär dienten, bei denen also der Kriegsdienst und nachfolgende Militär- oder Marinedienst eine Fortsetzung der Kapitulantenzeit ist. Ein Militäranwärter, der bereits aus dem Heeresdienst entlassen war und der zum Kriegsdienst wieder einberufen wurde, hat nur seiner gesetzlichen Dienstpflicht genügt; die Kriegsdienstzeit kann ihm daher nicht als Militärdienstzeit gemäß Abs. 1, 2 auf das BDA. angerechnet werden.

($_4$) **Eine Anrechnung nach Ziffer 27 (§ 3, Abs. 3 BDEG.) findet nur statt, wenn der Militäranwärter in einer der Besoldungsgruppen 1 bis 7 erstmals planmäßig angestellt wird. Erfolgt die erste planmäßige Anstellung in einer höheren Gruppe, so ist das BDA. so zu berechnen, wie wenn der Militäranwärter in Gruppe 7 angestellt und noch am gleichen Tage in seine wirkliche Eingangsgruppe befördert würde. Satz 1 und 2 gilt nicht für die vor dem 1. April 1920 erstmals planmäßig angestellten Militäranwärter.**

28. ($_1$) Militäranwärter im Sinne dieser BV. sind die Inhaber des Zivilversorgungsscheins (vgl. § 18 Abs. 1 des Mannschaftsversorgungsgesetzes vom 31. Mai 1906, RGBl. S. 593 und § 1 der Anstellungsgrundsätze, Reichszentralblatt von 1907 S. 309), **also auch diejenigen Personen, die den Zivilversorgungsschein als Nichtkapitulanten auf Grund einer Dienstbeschädigung erhalten haben, die aber nach dem Inkrafttreten des Mannschaftsversorgungsgesetzes (1. Juli 1906) nur einen Anstellungsschein erhalten hätten, sofern sie auf Grund des Zivilversorgungsscheins zum Zivildienst zugelassen sind.**

($_2$) **Nicht als Militäranwärter sind anzusehen:**

a) **solche vor dem 1. April 1905 aus dem aktiven Militärdienst entlassenen Militärpersonen, denen der Zivilversorgungsschein um deswillen versagt worden ist, weil sie sich nicht fortgesetzt gut geführt haben, und die von der zuständigen Militärbehörde eine**

Bescheinigung erhalten haben, daß ihnen eine den Militäranwärtern vorbehaltene Stelle übertragen werden kann;

b) die Inhaber des Anstellungsscheins und

c) die Inhaber des Forstversorgungsscheins.

29. ($_1$) Als Zivildienstzeit im Sinne der Ziffer 27 gilt eine nichtplanmäßige Dienstzeit nur dann, wenn der Stellenanwärter nicht zur Befriedigung eines vorübergehenden Bedürfnisses herangezogen, sondern endgültig in den Zivildienst übernommen worden ist.

($_2$) Ebenso gilt als Zivildienstzeit im Sinne der Ziffer 27 die Zeit einer nach dem Ausscheiden aus dem Heere oder der Marine erfolgten praktischen (informatorischen) Beschäftigung und die Zeit des nach dem Ausscheiden aus dem Heere oder der Marine abgeleisteten Probe- und Vorbereitungsdienstes, auch wenn sie nicht nach Ziffer 141 als Anwärterdienstzeit zu gelten hat. In den Fällen des Abs. 1 ist Voraussetzung, daß die Dienstzeiten in dem gleichen Dienstzweig (Ziffer 22), in dem die planmäßige Anstellung erfolgt, zur Erlangung derselben zurückgelegt sind. Ob und wieweit ausnahmsweise die in einem anderen Zweige des Staatsdienstes zurückgelegte Dienstzeit als Zivildienstzeit im Sinne der Ziffer 27 berücksichtigt werden kann, bestimmt der Fachminister.

($_3$) Außer Betracht bleibt die Zivildienstzeit, während welcher die planmäßige Anstellung auf eigenen Wunsch des Militäranwärters, wegen unzureichender Befähigung oder aus anderen, in seiner Person liegenden Ursache — ausgenommen Krankheit — ausgesetzt worden ist. Ziffer 21 Abs. 2 bis 4 gelten entsprechend.

30. Die nach Ziffer 27 auf das BDA. anzurechnende Militär-, Marine- und nachfolgende Zivildienstzeit wird neben der nach Ziffer 20 anzurechnenden nichtplanmäßigen Dienstzeit angerechnet, soweit jedoch dieselben Zeitabschnitte nach Ziffer 27 und nach Ziffer 20 anzurechnen waren, werden sie nur einmal berücksichtigt. Den Vorrang hat die Anrechnung der Anwärterdienstzeit nach Ziffer 27.

Beispiel:

Ein Militäranwärter, der vom 1. 10. 1907 bis zum 31. 3. 1918 gedient und vom 1. 4. 1918 bis zum 30. 9. 1918 seine Probedienstzeit abgeleistet hat, wird am 1. 10. 1918 endgültig als Reg.-Bürodiätar übernommen und am 1. 4. 1924 planmäßig angestellt. Sein BDA. ist auf den 1. 4. 1918 festzusetzen. Angerechnet sind das 1., 10. und halbe 11. Militärjahr und von der nachfolgenden Zivildienstzeit die Probedienstleistung und die folgenden 2 Jahre der Anwärterzeit (Ziffer 27 Abs. 2b). Außerdem ist nach Ziffer 20 die 4 Jahre übersteigende Anwärterdienstzeit (als Anwärterdienstzeit gilt die Zeit vom 1. 4. 1919 bis zum 31. 3. 1924 — vgl. Ziffer 141 —) mit 1 Jahr anzurechnen.

31. ($_1$) Ergibt sich für einen erstmalig in eine höhere Besoldungsgruppe übertretenden Militäranwärter ein günstigeres BDA., wenn vom Anstellungstage in der neuen Besoldungsgruppe ausgegangen und darauf die nach Ziffer 27ff. in Betracht kommende Militär- und nachfolgende Zivildienstzeit angerechnet wird, so kann dieser Tag an Stelle des nach Ziffer 37 bis 39 maßgebenden Zeitpunkts der Festsetzung des BDA.

in der neuen Gruppe zugrunde gelegt werden; als nachfolgende Zivildienstzeit (Ziffer 27) gilt in diesem Falle auch die planmäßige Dienstzeit in der früheren Besoldungsgruppe.

(2) Werden bei der erstmaligen Beförderung eine oder mehrere Besoldungsgruppen übersprungen, so darf die nach Abs. 1 zulässige Anrechnung nur in der gemäß Ziffer 39 (§ 3 Abs. 5 Satz 3 und 4 BDEG.) zu durchschreitenden nächsthöheren Besoldungsgruppe, nicht aber in der Beförderungsgruppe erfolgen.

(3) Abs. 1 und 2 gilt nicht, wenn der Militäranwärter mit Wirkung vom 1. April 1920 oder einem späteren Tage in eine Stelle einer höheren als der Besoldungsgrupe 7 erstmals befördert wird. Ziffer 27 Abs. 4 gilt sinngemäß.

(4) Die Bewilligung der Anrechnung nach Abs. 1 erfolgt durch die zur Festsetzung des BDA. zuständige Behörde (Ziffer 14).

(5) Die Bestimmungen der vorstehenden Absätze sind nicht zwingend; es bleibt dem Ermessen der zuständigen Behörde anheimgestellt, ob sie die hiernach zulässige Verbesserung des BDA. ganz oder teilweise bewilligen will.

32. (1) Dem Militärdienst steht gleich:

a) der Dienst bei den Schutztruppen;

b) der Dienst bei den Polizeitruppen sowie als Grenz- und Zollaufsichtsbeamte in den früheren Schutzgebieten;

c) der Dienst bei den vom preußischen Kriegsministerium und vom Reichsmarineamt anerkannten Sicherheitstruppen — Ziffer 3 der Verordnung vom 18./22. November 1918 (AVBl. S. 647/48) und Ziffer II a des Erlasses vom 16. Dezember 1918 (AVBl. S. 743) — einschließlich der Gefangenen-Bewachungs-Kompagnien bis zu ihrer Entlassung aus dem Militärverhältnis;

d) der Dienst bei den auf Grund des Gesetzes zur Bildung einer freiwilligen Volkswehr vom 12. Dezember 1918 (RGBl. S. 1424) nebst Ausführungsanweisung des preußischen Kriegsministeriums vom 13. Dezember 1918 — 1413/12. 18. A 1 — (AVBl. S. 746) aufgestellten Abteilungen der Volkswehr;

e) der Dienst, der auf Grund des Erlasses des preußischen Kriegsministeriums vom 15. Dezember 1918 — Nr. 1070/12. 18. A 1 — (AVBl. S. 739) und des Aufrufs der Reichsregierung „Freiwillige vor" nebst Ausführungsanweisung des preußischen Kriegsministeriums vom 9. Januar 1919 — Nr. 630/31. 19. A 1 — (AVBl. S. 17) zum Grenzschutz aufgestellten Freiwilligen und bei den in der neutralen Zone gebildeten Grenzwehren, soweit sie als Ersatz für das stehende Heer gebildet und vom preußischen Kriegsministerium anerkannt sind;

f) der Dienst bei den Sicherheits-, Bürger-, Orts- und Einwohnerwehren, Sicherheitskompagnien sowie als Zeitfreiwillige usw., wenn und solange sie auf Anordnung einer militärischen Kommandobehörde einem Freiwilligen- oder Truppenverband angegliedert sind und auf Befehl einer solchen Stelle militärische Dienste leisten.

(2) Abs. 1 gilt sinngemäß für die vormaligen bayerischen, sächsischen und württembergischen Heereskontingente.

(3) Ausgeschlossen bleibt die Zeit einer verschuldeten Kriegsgefangenenschaften oder Internierung.

(4) Ob und wieweit der Dienst in einem verbündeten oder befreundeten Heere der Militär- oder Marinedienstzeit im Sinne der Ziffer 27 bis 31 gleichsteht, bestimmt im einzelnen Falle der Fachminister im Einvernehmen mit dem Finanzminister.

33. Für die Anrechnung nach Ziffer 27 macht es keinen Unterschied, ob die Anstellung des Militäranwärters in einer dieser Klasse vorbehaltenen oder in einer anderen Stelle erfolgt.

34. Eine Anrechnung von Militärdienstzeit findet nicht statt:

a) bei Inhabern des Zivilversorgungsscheins, die schon vor dem Eintritt in das Heer oder die Marine als Zivilanwärter bei einer Behörde beschäftigt waren, nach dem Ausscheiden aus dem Heere oder der Marine wieder in ihr früheres Dienstverhältnis eingetreten sind und auf Grund der auf diesem Wege — vor oder nach der Erlangung des Zivilversorgungsscheins — erworbenen Anwartschaft als Zivilanwärter planmäßig angestellt werden;

b) bei den Inhabern des Zivilversorgungsscheins, die erst nach dem Ausscheiden aus dem Heere oder der Marine, aber bevor sie den Zivilversorgungsschein besaßen, als Zivilanwärter angenommen worden sind und auf Grund der auf diesem Wege — vor oder nach Erlangung des Zivilversorgungsscheins — erworbenen Anwartschaft als Zivilanwärter planmäßig angestellt werden;

c) bei Inhabern des Zivilversorgungsscheins, die erst nach dem Ausscheiden aus dem Heere oder der Marine und nach Erlangung des Zivilversorgungsscheins für eine Laufbahn, deren Stellen zum Teil den Militäranwärtern vorbehalten sind, nicht nach den Anstellungsgrundsätzen für Militäranwärter, sondern auf ihren Wunsch unter den für Zivilanwärter vorgeschriebenen Bedingungen angenommen worden sind und auf Grund dessen auch als Zivilanwärter planmäßig angestellt werden.

35. (1) Die aktive Militärdienstzeit wird auch dann nach Maßgabe der vorstehenden Grundsätze auf das BDA. angerechnet, wenn eine planmäßige Stelle freiwillig ohne Ruhegehalt aufgegeben ist oder der Beamte infolge eines gerichtlichen oder Dienststrafverfahrens seine Stelle verloren hat und später eine andere planmäßige Anstellung auf Grund des Zivilversorgungsscheins erfolgt, ohne daß das BDA. nach Maßgabe des früher bezogenen Gehalts oder des früheren BDA. bestimmt wird.

(2) Abs. 1 ist nicht anzuwenden, wenn der Beamte aus einer planmäßigen Stelle lediglich ausscheidet, um in eine andere planmäßige Stelle überzutreten. In solchen Fällen ist nach Ziffer 11 Abs. 2 und Ziffer 37 zu verfahren. Die Militärdienstzeit ist alsdann gegebenenfalls nur nach Ziffer 31 Abs. 1 zu berücksichtigen.

e) Bemessung des BDA. beim Übertritt von ehemaligen aktiven Offizieren des Heeres und der Marine sowie der Schutztruppen in preußische Beamtenstellen.

36. (1) Den in planmäßige Beamtenstellen des Zivildienstes am 1. April 1920 oder später übergetretenen und weiterhin übertretenden Offizieren und Deckoffizieren — ausschließlich der Sanitäts- und Veterinäroffiziere — kann die 12 Jahre übersteigende Militärdienstzeit auf das BDA. angerechnet werden, wobei zu unterstellen ist, daß der Übertritt

a) bei den Deckoffizieren zunächst in eine Stelle der Besoldungsgruppe 5,
b) bei den Fachoffizieren (z. B. Festungsbau-, Feuerwerks-, Zeug- und Torpederoffizieren) zunächst in eine Stelle der Besoldungsgruppe 6,
c) bei den übrigen Offizieren zunächst in eine Stelle der Besoldungsgruppe 7

erfolgt. Ist dem Offizier sogleich eine Stelle einer höheren Gruppe verliehen, so ist anzunehmen, daß er am Anstellungstage in die höhere Gruppe befördert worden ist (vgl. auch Ziffer 37 Abs. 3). Die Errechnung des BDA. in den höheren Besoldungsgruppen erfolgt demnach nach den Vorschriften des BDEG., insbesondere des § 3 Abs. 5. Wird ein Offizier oder Deckoffizier in eine planmäßige Stelle einer Besoldungsgruppe übernommen, welche niedriger ist als die angeführte Eingangsgruppe, so tritt diese niedrigere Gruppe an die Stelle der Eingangsgruppe. Die Zeit der Verwendung ehemaliger Offiziere in planmäßigen Stellen für pensionierte Offiziere (Bezirkskommandeure usw.) kann als Militärdienstzeit mitberücksichtigt werden.

(2) Hat der Offizier oder Deckoffizier die Beamtenstelle, in der er planmäßig angestellt wird, oder eine völlig gleichwertige und gleichartige Beamtenstelle desselben Dienstzweiges (Ziffer 22) bereits vor der planmäßigen Anstellung versehen, so kann ihm statt der unter Abs. 1 genannten Zeit die Hälfte dieser vor der planmäßigen Anstellung zugebrachten Beschäftigungszeit auf das BDA. angerechnet werden, wenn dieses für ihn günstiger ist. Soll eine solche Beschäftigungszeit in besonderen Fällen ausnahmsweise in einer höheren Besoldungsgruppe als 10 angerechnet werden, so bedarf es der Zustimmung des Finanzministers im einzelnen Falle.

(3) Auf Ziffer 25 Satz 2 wird besonders hingewiesen, und zwar gelangt diese Vorschrift bei der höheren Besoldungsgruppe, in die der Offizier oder Deckoffizier schließlich eingereiht wird, zur Anwendung, nicht etwa schon bei der zum Zwecke der Errechnung des BDA. angenommenen Eingangsgruppe. Die in Ziffer 25 zugelassenen Ausnahmen können nur mit der in jedem einzelnen Falle einzuholenden Zustimmung des Finanzministers bewilligt werden.

(4) Bei Offizieren und Deckoffizieren mit einer Militärdienstzeit von mindestens zwölf Jahren kann an Stelle der in Abs. 1 bis 3 vorgesehenen Anrechnung folgende Regelung Platz greifen, wenn sie für die Offiziere und Deckoffiziere günstiger ist. Es wird diesen Offizieren und Deckoffizieren die 8 Militärdienstjahre übersteigende Zeit bis zur Höchstgrenze von 5 Jahren auf das BDA. angerechnet, jedoch auch bei Offi-

zieren mit der Unterstellung, daß sie erstmalig in der Gruppe 5 angestellt worden sind (Abs. 1 Satz 2 bis 5 gilt).

(5) Auf die vor dem 1. April 1920 übergetretenen Offiziere ist Abs. 1 bis 3 entsprechend anzuwenden, jedoch mit der Unterstellung, daß der Offizier oder Deckoffizier erst am 1. April 1920 in der planmäßigen Beamtenstelle angestellt worden ist, die er beim Inkrafttreten des neuen BDEG. tatsächlich inne hatte. Auch auf die vor dem 1. April 1920 übergetretenen Offiziere und Deckoffiziere ist, wenn es für sie günstiger ist, an Stelle der Abs. 1 bis 3 der Abs. 4 anzuwenden. Hierbei muß zur richtigen Ermittlung des am 1. April 1920 anzunehmenden BDA. festgestellt werden, wie sich das BDA. bei der ersten planmäßigen Anstellung und bei allen inzwischen etwa erfolgten Beförderungen und Versetzungen nach dem jeweils geltenden Recht gestaltet hätte, wenn nach Abs. 4 zu verfahren gewesen wäre. An Stelle der Unterstellung einer erstmaligen Anstellung in Gruppe 5 ist jedoch wie folgt zu rechnen:

a) bei einer ersten planmäßigen Anstellung in einer Stelle, die in die jetzige Besoldungsgruppe 5 eingereiht ist, ist den Offizieren und Deckoffizieren die 8 Militärdienstjahre übersteigende Zeit bis zur Höchstgrenze von 5 Jahren auf das BDA. anzurechnen,
b) bei einer ersten planmäßigen Anstellung in einer Stelle, die in die jetzige Gruppe 6 oder 7 eingereiht ist, werden das 9., 10. und 13. Militärdienstjahr, insgesamt also höchstens 3 Jahre, angerechnet,
c) bei einer ersten planmäßigen Anstellung in einer in die jetzige Besoldungsgruppe 8 eingereihten Stelle wird nur das 13. Militärdienstjahr angerechnet,
d) bei einer Anstellung in Stellen höherer Gehaltsklassen wird Militärdienstzeit angerechnet.

Beispiele:

a) Ein Offizier mit einer Militärdienstzeit von 20 Jahren ist am 1. 10. 1919 in einer Stelle der jetzigen Besoldungsgruppe 9 planmäßig angestellt mit einem BDA. vom 1. 10. 1919. Die anrechnungsfähige Dienstzeit beträgt 8 Jahre. Vom 1. 4. 1920 an ist das BDA. anderweit festzusetzen, wie folgt:

In Gruppe 7 mit einem BDA. vom 1. 4. 1912 Grundgehalt am 1. 4. 1920 = 8100 ℳ, einzureihen in Gruppe 8 mit einem Grundgehalt von 8600 ℳ (BDA. 1. 4. 1914) und in Gruppe 9 mit einem Grundgehalt von 9000 ℳ, steigend am 1. 4. 1922 auf 9600 ℳ, mithin BDA. 1. 4. 1916.

b) Ein Offizier mit einer Militärdienstzeit von 12 Jahren 184 Tagen ist am 1. 1. 1919 in einer Stelle der jetzigen Besoldungsgruppe 7 planmäßig angestellt mit einem BDA. vom 1. 1. 1919. Auf das BDA. können nach Abs. 5 b = 2 Jahre 184 Tage angerechnet werden, so daß das BDA. auf den 1. 7. 1916 neu festzusetzen ist.

c) ein Deckoffizier mit 20 Jahren Marinedienstzeit ist am 1. 6. 1910 in einer Stelle der Besoldungsklasse 13 (jetzige Besoldungsgruppe 6) (1650, 1900, 2150, 2400, 2650, 2900, 3100, 3300 ℳ) planmäßig angestellt und am 1. 4. 1914 in eine Stelle der Besoldungsklasse 22 (jetzige Besoldungsgruppe 7) (2100, 2500, 2900, 3300, 3600, 3900, 4200, 4500 ℳ) befördert mit einem BDA. vom

1. 6. 1913. Auf das BDA. in der ersten Stelle sind ihm 3 Jahre (das 9., 10. und 13. Marinedienstjahr) anzurechnen, es ist also auf den 1. 6. 1907 festzusetzen. Danach ergibt sich für den Zeitpunkt der Beförderung in Besoldungsklasse 13 ein Gehalt von 2150 ℳ, steigend am 1. 6. 1916 auf 2400 ℳ, und in Besoldungsklasse 22 ein Gehalt von 2500 ℳ, steigend am 1. 4. 1917 auf 2900 ℳ, mithin ein BDA. vom 1. 4. 1911.

(6) Wird der Offizier nicht auf Grund der ihm verliehenen Anstellungsberechtigung, sondern auf Grund einer auf eigene Kosten erworbenen vorschriftsmäßigen Ausbildung von mindestens 3 Jahren, die der der Zivilanwärter entspricht, planmäßig angestellt, so kann ihm, wenn dies für ihn günstiger ist, an Stelle der Anrechnung unter 1 bis 5 die Militärdienstzeit bis zur Hälfte der gesamten Aufrückungszeit der Besoldungsgruppe, in der er planmäßig angestellt wird, angerechnet werden. Der Schlußsatz des Abs. 1 gilt.

(7) Eine Anrechnung nach Ziffer 73 findet neben den Vorschriften der Ziffer 36 nicht statt.

(8) Den in planmäßige Beamtenstellen übertretenden ehemaligen Sanitäts- und Veterinäroffizieren kann die tatsächliche Dienstzeit als Stabsarzt oder Stabsveterinär auf das BDA. angerechnet werden, bei Anstellung in der Gruppe 11 oder 12 mit der Unterstellung, daß der Übertritt zunächst in eine Stelle der Gruppe 10 erfolgt und noch am Tage des Übertritts die Beförderung in die etwa höhere Besoldungsgruppe stattfindet. Die Errechnung des BDA. in den höheren Besoldungsgruppen erfolgt demnach nach den Vorschriften der Ziffern 37 und 39.

f) Bemessung des BDA. beim Eintritt in eine neue Besoldungsgruppe.

37. (1) Beim Übertritt aus einer Besoldungsgruppe in eine höhere erhält der Beamte stets den gegenüber seinem bisherigen Grundgehaltssatz nächsthöheren Satz und behält diesen die volle für das Weiteraufsteigen in die folgende Stufe vorgeschriebene Zeit von zwei Jahren. Wäre er jedoch in der früheren Besoldungsgruppe bereits vor Ablauf dieser Zeit in die nächsthöhere Stufe aufgestiegen und damit zu einem Grundgehaltssatz gelangt, der über den ihm in der neuen Besoldungsgruppe gewährten hinausgeht oder ihm gleichkommt, so steigt er auch in der neuen Besoldungsgruppe zu derselben Zeit in die folgende Stufe (§ 3 Abs. 5 Satz 1 und 2 BDEG.).

(2) Bei der Berechnung des Grundgehalts in der höheren Besoldungsgruppe dürfen Zulagen irgendwelcher Art nicht berücksichtigt werden.

(3) Das BDA. darf bei dem Übertritt in die nächsthöhere Besoldungsgruppe nicht um mehr als vier Jahre, beim Übertritt aus Gruppe 12 in Gruppe 13 nicht um mehr als sechs Jahre verkürzt werden.

38. Beim Übertritt von Beamten mit festen Grundgehaltssätzen (Abschnitt I 1 A der Besoldungsordnung) in Stellen mit Mindestgehaltsgrundsätzen (I 1 B a. a. O.) und umgekehrt ist — soweit in der neuen oder in der bisherigen Stelle die Mindesteinnahme an Unterrichtshonorar usw. von jährlich 2000 Mark gewährleistet war (Schlußbemerkung C Ziffer 7b der BO.) — die Gruppe B 3 der Besoldungsgruppe 11, die Gruppe B 4 der Besoldungsgruppe 12 und B 5 der Besoldungsgruppe 13 gleichzuachten.

39. (1) Werden bei einer Beförderung Besoldungsgruppen übersprungen, so ist das BDA. so festzusetzen, wie wenn der Beamte zunächst in die dazwischenliegenden Gruppen eingetreten wäre (§ 3 Abs. 5 Satz 3 und 4 BDEG.).

(2) Erhält der in eine höhere Gruppe übertretende Beamte bereits für seine Person die Bezüge dieser Gruppe, so wird sein BDA. nicht neu festgesetzt. Überspringt er bei der Beförderung die Besoldungsgruppe, nach der er für seine Person besoldet wird, so ist sein BDA. so festzusetzen, als ob er aus dieser Gruppe befördert worden wäre.

40. (1) Der Übertritt eines Beamten in eine niedrigere Besoldungsgruppe kann immer nur ein freiwilliger sein. Gegen seinen Willen kann der Beamte in eine Besoldungsgruppe mit niedrigerem Gehalt nicht versetzt werden, auch nicht im Wege des Disziplinarverfahrens.

(2) Tritt ein Beamter in eine niedrigere Besoldungsgruppe über, so wird das neue BDA. außer in den Fällen der Abs. 3 und 4 von dem Fachminister in Gemeinschaft mit dem Finanzminister nach der besonderen Lage des Einzelfalles festgesetzt.

(3) Tritt ein Beamter in eine niedigere Besoldungsgruppe, der er früher bereits angehört hat, über, obwohl er in der höheren Besoldungsgruppe hätte verbleiben können, so erhält er in der niedrigeren Besoldungsgruppe das BDA., das er früher in dieser Besoldungsgruppe hatte.

(4) Hat zu dem Übertritt eines Beamten in eine niedrigere Besoldungsgruppe der Umstand Anlaß gegeben, daß er in der höheren Besoldungsgruppe aus Gründen, die in seiner Person liegen — z. B. wegen körperlicher Unfähigkeit für die Stelle der höheren Besoldungsgruppe —, nicht verbleiben konnte, so ist sein neues BDA. in sinngemäßer Anwendung der Ziffer 37 festzusetzen, jedoch mit der Maßgabe, daß der Beamte zunächst in den gleich hohen Gehaltssatz, wenn ein solcher in der neuen Besoldungsgruppe vorhanden ist, übertritt. Hierbei sind dem in der verlassenen höheren Besoldungsgruppe bezogenen Grundgehalt die daneben etwa nach § 26 BDEG. bezogenen ruhegehaltsfähigen Zulagen zuzuzählen. Der Beamte erhält somit in keinem Falle ein höheres Grundgehalt als das Höchstgrundgehalt der Besoldungsgruppe, in die er übertritt.

(5) Tritt ein Beamter, der in eine niedrigere Besoldungsgruppe versetzt worden ist, wieder in die verlassene Besoldungsgruppe zurück, so erhält er wieder das BDA., das er früher in dieser Besoldungsgruppe hatte. Dies gilt sinngemäß, wenn die verlassene höhere Besoldungsgruppe bei einer späteren Beförderung übersprungen wird (Ziffer 39 Satz 1).

41. Sollte in einem Einzelfalle eine Überführung in einen anderen Dienstzweig lediglich auf Antrag des Beamten — ohne daß gleichzeitig dienstliche Rücksichten vorliegen — in Erwägung genommen werden, so ist eine Anrechnung früherer Dienstzeit bei der Bemessung des Gehalts der neuen Stellen nur mit Genehmigung des Fachministers im Einvernehmen mit dem Finanzminister gestattet, die vor der Entscheidung über den Versetzungsantrag einzuholen ist. Wird die Vorrückung des BDA. nicht genehmigt, so darf die Versetzung nur verfügt werden, nachdem der Beamte sich mit der Neufestsetzung des BDA. einverstanden erklärt hat.

42. Bei der Übernahme von Soldaten der Wehrmacht in das Staatsbeamtenverhältnis gelten Ziffer 37 bis 40 nicht. Ihr BDA. wird nach Ziffer 25 bis 36 festgesetzt. Sind sie nicht Militäranwärter, so kann eine Anrechnung von Militär- oder Marinedienstzeit nach Ziffer 25 und 26 erfolgen. Sind sie Militäranwärter, so ist ihnen bei der planmäßigen Anstellung die nach Ziffer 27 bis 32 sich ergebende Zeit auf das BDA. anzurechnen. Die letzte Anrechnung (nach Ziffer 27 bis 32) schließt jede darüber hinausgehende Anrechnung nach Ziffer 25 bis 26 aus.

43. (1) Ziffer 37 Abs. 1 ist auch in den Fällen anzuwenden, daß Polizeileutnants aus der Besoldungsgruppe 5 in die Besoldungsgruppe 6, Polizeioberleutnants aus der Besoldungsgruppe 7 in die Besoldungsgruppe 8 nach vier Dienstjahren als solche, Polizeihauptleute aus der Besoldungsgruppe 9 in die Besoldungsgruppe 10 nach zwei Dienstjahren als solche vorrücken, ohne daß eine Beförderung vorliegt. Diese Beamten rücken in die höhere Besoldungsgruppe erst vor, nachdem sie volle vier und zwei Jahre in der niedrigeren Besoldungsgruppe zugebracht haben, nicht schon, wenn sie in der niedrigeren Besoldungsgruppe ein BDA. von vier oder zwei Jahren erreicht haben. Der Übertritt in die höhere Besoldungsgruppe erfolgt mit dem Ersten des Monats, in dem die bestimmte Zeit vollendet wird.

(2) Ziffer 37 bis 40 gelten insbesondere auch für den Übertritt in eine der in der Besoldungsordnung mit 3) gekennzeichneten Aufrückungsstellen.

g) Bemessung des BDA. bei den am 1. April 1920 im Dienst befindlichen Beamten.

44. (1) Die am 1. April 1920 im Dienst befindlichen planmäßigen Beamten mit aufsteigenden Gehältern werden in die Besoldungsgruppen der BO. mit derjenigen Gehaltsstufe eingereiht, die ihrem bisherigen Besoldungsdienstalter in der Stelle entspricht, die sie am 1. April 1920 bekleiden. Beamte, die zum 1. April 1920 oder mit Wirkung von diesem Tage angestellt sind, zählen im Sinne dieser Vorschrift nicht zu den am 1. April 1920 im Dienst befindlichen planmäßigen Beamten.

(2) Die Bestimmungen in Ziffer 37 bis 43 dürfen nicht angewendet werden, wenn sich der Übertritt in eine andere Gehaltsklasse vor dem 1. April 1920 vollzogen hat, und zwar weder mit Unterstellung der alten noch mit Unterstellung der neuen Gehaltssätze.

45. Hat ein Beamter unmittelbar hintereinander mehrere Stellen bekleidet, die nach den bisherigen Vorschriften verschiedenen Gehaltsklassen angehörten, jetzt aber in einer Besoldungsgruppe vereinigt sind, so ist das BDA. vom 1. April 1920 so zu berechnen, als wenn der Beamte in der ersten Stelle verblieben wäre.

46. Sollte sich für einzelne vor dem 1. April 1920 beförderte oder aus dienstlichen Rücksichten versetzte Beamte ergeben, daß am 1. April 1920 nach den neuen Grundgehaltssätzen ihr Grundgehalt in der jetzigen

Stelle hinter dem Satze zurückbleibt, den sie erhalten haben würden, wenn sie in einer früher von ihnen bekleideten Stelle verblieben und erst zum 1. April 1920 befördert worden wären, oder daß sie in der früheren Stelle bei dem nächsten Aufsteigen nach dem 1. April 1920 früher einen höheren oder gleichen Grundgehaltssatz erreicht hätten, als es in der neuen Stelle der Fall sein würde, so ist das BDA. so festzusetzen, als wenn sie erst im Laufe des 1. April 1920 unter Berücksichtigung von § 3 Abs. 5 BDEG. (vgl. Ziffer 37, 39) in die neue Stelle eingerückt wären. Für Beamte, die zum 1. April 1920 in eine Stelle befördert werden, die in einer höheren Besoldungsgruppe als die bisher von den Beamten bekleideten Stelle vorgesehen ist, wird das BDA. unter Berücksichtigung von § 3 Abs. 5 so festgesetzt, als wenn sie erst im Laufe des 1. April 1920 in die neue Stelle eingerückt wären.

47. (1) Sind ganze Gattungen von Beamten in höhere Besoldungsgruppen gehoben, so behalten sie ihr bisheriges BDA., sofern sich für sie bei Anwendung der Bestimmungen im § 25 Abs. 3 BDEG. nicht ein noch günstigeres BDA. ergibt.

(2) Sind dagegen Beamtengattungen, die am 31. März 1920 unter gleicher oder verschiedener Amtsbezeichnung in der gleichen Gehaltsklasse vereinigt waren, so getrennt worden, daß ein Teil in einer niedrigeren Besoldungsgruppe zurückgeblieben ist, so sind die in die gehobenen Gruppen eingereihten Beamten so anzusehen, als wenn sie am 1. April 1920 aus der niedrigeren Gruppe in ihre jetzige Stelle befördert worden wären. Ihr BDA. ist deshalb nach Ziffer 46 neu festzusetzen.

(3) Demnach sind anzusehen, als wenn sie am 1. April 1920 befördert worden wären, z. B.:

a) die Kastellane, Botenmeister, Laboratoriumsgehilfen in Gruppe 3 aus der Gruppe 2;
b) die Hausinspektoren, Botenmeister, Ministerialhausinspektoren, Ministerialbotenmeister, Oberpedelle, Laboranten, Justizoberwachtmeister als Botenmeister bei großen Behörden, Polizeioberwachtmeister, Obergärtner, Obermaschinisten in der Gruppe 4 aus der Gruppe 3;
c) Gerichtskostenerheber bei größeren Kassen (aus der Gruppe 3), Oberlandjäger, Maschinenmeister, Oberpräparatoren, Oberstutmeister in Gruppe 5 aus der Gruppe 4;
d) Kanzleiinspektoren als Kanzleivorsteher, erste Maschinenmeister, erste Werkmeister in Gruppe 6 aus der Gruppe 5;
e) Ministerialkanzleiinspektoren, Kulturoberbausekretäre, Gestütrendanten der Landgestüte in Gruppe 7 aus der Gruppe 6;
f) Baderentmeister, Badeinspektoren, Garteninspektoren, Forstrentmeister, Obersekretäre als Bürovorsteher, Kulturobersekretäre, Rendanten, Kulturoberbausekretäre, erste Lehrer in der Gestütverwaltung, Justizinspektoren, Kassierer bei den Justizhauptkassen, Amtsgerichtskalkulatoren, Strafanstaltskassenrendanten bei den Strafanstalten in Plötzensee und Berlin-Tegel sowie beim Untersuchungsgefängnis Berlin-Moabit in Gruppe 8 aus der Gruppe 7;
g) Justizoberinspektoren bei den Oberlandesgerichten und anderen großen Behörden, Hauptkassenkontrolleure, bei den besonders

organisierten Gerichtskassen, Domänenrentmeister, Präsidialsekretäre, Rechnungsrevisoren, Rendanten, Zentralbürovorsteher bei der Universität in Berlin, den technischen Hochschulen, dem Meteorologischen Institut in Berlin, Rentmeister bei den großen Kreiskassen, Kreissekretäre bei den großen Landratsämtern, Kuratorialbürovorsteher in Gruppe 9 aus der Gruppe 8 oder 7;

h) Rechnungsoberrevisor beim Kammergericht (aus der Gruppe 7), Oberzeichenlehrer, Obermusiklehrer, Oberzeichenlehrerinnen, Obermusiklehrerinnen an den höheren Lehranstalten für die männliche und weibliche Jugend (aus der Gruppe 8), Zentralbürovorsteher beim Oberlandeskulturamt, Oberfischmeister für die Binnengewässer in Gruppe 10 aus der Gruppe 9;

i) Regierungsräte, Regierungs- und Bauräte, Abteilungsleiter bei der Landesanstalt für Wasserhygiene in Berlin-Dahlem und bei der staatlichen Nahrungsmitteluntersuchungsanstalt, Amts- und Landgerichtsräte in der Gruppe 11 aus der Gruppe 10;

k) Oberregierungsräte, Oberbauräte, aufsichtführende Richter an den Amtsgerichten mit mehr als 10 Richtern, Oberregierungs- und Schulräte, Landräte bei großen Landratsämtern in der Gruppe 12 aus der Gruppe 10;

l) Oberstaatsanwalt als erster Vertreter des Generalstaatsanwalts beim Kammergericht, Obersten der Landjägerei in der Gruppe 13 aus der Gruppe 12.

($_4$) Über die Neufestsetzung des BDA. entscheidet in Zweifelsfällen der Fachminister im Einvernehmen mit dem Finanzminister.

48. ($_1$) Bei planmäßigen Beamten aus der Klasse der ehemaligen Militäranwärter, auch wenn sie sich nicht mehr in ihrer ersten planmäßigen Stelle befinden, wird das BDA. so weit vorgerückt, wie es vorgerückt wäre, wenn Ziffer 27 bis 35 schon zur Zeit ihrer ersten planmäßigen Anstellung und in den nach Ziffer 31 und 35 maßgebenden Zeitpunkten gegolten hätte.

($_2$) Hiernach muß in jedem Falle, in dem einem Beamten nach Ziffer 27 bis 35 eine längere Zeit auf das BDA. anzurechnen ist, als ihm nach Nr. 14 der bisherigen Gehaltsvorschriften oder nach älteren Vorschriften und der älteren Verwaltungsübung tatsächlich angerechnet worden ist, zur richtigen Ermittlung des ab 1. April 1920 anzunehmenden BDA. festgestellt werden, wie sich das BDA. bei der ersten planmäßigen Anstellung und bei allen etwa inzwischen erfolgten Beförderungen und Versetzungen nach dem jeweils geltenden Rechte gestaltet hätte, wenn Ziffer 27 bis 35 bereits gegolten hätten.

49. Allen planmäßigen Beamten, auch wenn sie sich nicht mehr in ihrer ersten planmäßigen Stelle befinden, wird das BDA. so weit vorgerückt, wie es vorgerückt wäre, wenn Ziffer 20 und 22 schon zur Zeit ihrer ersten planmäßigen Anstellung gegolten hätten. Hiernach muß in jedem Falle, in dem einem planmäßigen Beamten nach Ziffer 20 und 22 eine längere nichtplanmäßige Dienstzeit auf das BDA. anzurechnen ist, als ihm nach Nr. 16 der bisherigen Gehaltsvorschriften oder nach den älteren Vorschriften und nach der älteren Verwaltungsübung tatsächlich angerechnet worden ist, zur richtigen Ermittlung des am 1. April 1920 anzunehmenden BDA. festgestellt werden, wie sich das BDA. bei der ersten planmäßigen Anstellung und bei allen etwa inzwischen erfolgten Beförderungen und Versetzungen nach dem jeweils geltenden Rechte gestaltet hätte, wenn Ziffer 20 und 22 bereits gegolten hätten. Dabei ist die nichtplanmäßige Dienstzeit, von welcher der fünf und vier Jahre übersteigende Teil auf das BDA. anzurechnen ist, so zu berechnen, wie wenn Ziffer 140 ff. bereits gegolten hätten.

50. Die am 31. März 1920 im Amt befindlich gewesenen Beamten, die durch die Anmerkung 1 zur Besoldungsgruppe 2, 1 zur Besoldungsgruppe 3, 1 zur Besoldungsgruppe 4, sowie 1 zur Besoldungsgruppe 5 für ihre Person die Bezüge einer höheren Besoldungsgruppe zu erhalten haben, erhalten in dieser Besoldungsgruppe das volle BDA. ihrer beim Inkrafttreten des BDEG. bekleideten Stelle.

51. (1) (Anm. 2 zur Besoldungsgruppe 4): Die am 31. März 1920 im Amt befindlich gewesenen Inhaber der Stellen erhalten für ihre Person, soweit sie 16 Dienstjahre vollendet hatten, die Bezüge der Gruppe 5.

(2) (Anm. 3 zur Besoldungsgruppe 4): Die am 31. März 1920 im Amt befindlich gewesenen Inhaber der Stellen erhalten für ihre Person, sobald sie 16 Dienstjahre vollendet haben, die Bezüge der Gruppe 5.

(3) Unter „Dienstjahren" im Sinne dieser Anmerkungen ist die gesamte Militär- und Zivildienstzeit zu verstehen. Das BDA. dieser Beamten, soweit sie am 31. März 1920 16 Dienstjahre vollendet hatten, ist so festzusetzen, als wenn sie am 1. April 1920 aus Besoldungsgruppe 4 in die Besoldungsgruppe 5 befördert wären.

(4) Während die unter Anm. 3 zur Besoldungsgruppe 4 fallenden Beamten, soweit sie am 31. März 1920 noch keine 16 Dienstjahre vollendet hatten, auch nach dem 1. April 1920, sobald sie 16 Dienstjahre vollendet haben, in die Bezüge der Gruppe 5 einrücken können, wobei ihr BDA. so festzusetzen ist, als wenn sie zu diesem Zeitpunkt aus Besoldungsgruppe 4 in die Besoldungsgruppe 5 befördert wären, können die unter Anm. 2 zur Besoldungsgruppe 4 fallenden Beamten, die nach dem 1. April 1920 16 Dienstjahre vollenden, nicht die Bezüge der Gruppe 5 erhalten, und ebenso wenig können die unter Anm. 2 fallenden Beamten, selbst wenn sie am 31. März 1920 16 Dienstjahre vollendet hatten und nunmehr nach dem 1. April 1920 in Stellen befördert werden, die unter Anm. 1 zur Besoldungsgruppe 5 fallen, die Bezüge der Gruppe 6 erhalten.

Beispiele:

a) Zur Anm. 2 der Besoldungsgruppe 4:

Es behalten also am 1. 4. 1920 die Beamten mit einem Grundgehalte von 5 000, 5 400 und 5 800 ℳ ihr bisheriges BDA., die Beamten mit einem Grundgehalte von 6 200 ℳ erhalten ein BDA. vom 1. 4. 1914, die Beamten mit einem Grundgehalte von 6 500, 6 800 und 7 100 ℳ erhalten ein um 2 Jahre gekürztes BDA. Die Beamten mit einem Grundgehalte von 7 300 ℳ erhalten ein BDA. vom 1. 4. 08, und das BDA. der Beamten mit einem Grundgehalte von 7 500 ℳ ist um 4 Jahre zu kürzen.

b) Zur Anm. 3 der Besoldungsgruppe 4:

Ein Beamter, der 10 Jahre beim Militär gedient hat, am 1. 4. 1914 in einer Stelle der jetzigen Besoldungsgruppe 4 planmäßig angestellt ist, und der am 1. 4. 1920 ein Grundgehalt von 6200 ℳ bezieht, erhält vom 1. 4. 1920 an — mit einem Grundgehalte von 6600 ℳ und dem bisherigen BDA. vom 1. 4. 1914 — die Bezüge der Gruppe 5.

Ein anderer Beamter, der am 1. 4. 1920 eine Militärdienstzeit von 10 Jahren und eine Zivildienstzeit von 16 Jahren (BDA. 1. 4. 1903) zurückgelegt hat, erhält statt eines Grundgehalts aus Gruppe 4 von 7500 ℳ in Gruppe 5 ein Grundgehalt von 7600 ℳ, steigend am 1. 4. 1921 auf 7900 ℳ, und ein BDA. vom 1. 4. 1907.

52. ($_1$) (Anm. 1 zur Besoldungsgruppe 7): Diejenigen in der Besoldungsgruppe 7 aufgeführten Beamten, die am 31. März 1920 in einer Stelle der Gehaltsklassen 21 bis 23 und 54 Nr. 6 des Gesetzes, betreffend die Bereitstellung von Mitteln zu Diensteinkommensverbesserungen vom 26. Mai 1909 (GS. S. 85), planmäßig angestellt waren, erhalten, sobald sie in den Gehaltsklassen 14 bis 23 und 54 Nr. 6 jenes Gesetzes nach einer für die erwähnten Gehaltsklassen 21 bis 23 und 54 Nr. 6 abgelegten Prüfung oder in einer Eingangsstelle der Besoldungsgruppe 7 des BDEG. eine Dienstzeit von insgesamt 10 Jahren zurückgelegt haben, für ihre Person im Wege der Aufrückung die Bezüge der Besoldungsgruppe 8.

($_2$) Das BDA. der auf Grund des Abs. 1 nach Gruppe 8 zu besoldenden Beamten ist so festzusetzen, wie wenn sie am Ersten des Monats, in dem die verlangten 10 Dienstjahre vollendet werden — frühestens aber am 1. April 1920 — in eine Stelle der Gruppe 8 befördert wären. Derselbe Tag ist für den Beginn der Bezüge aus Gruppe 8 maßgebend.

($_3$) Die verlangten 10 Dienstjahre beginnen, wenn die in Abs. 1 genannte Prüfung vor Erreichung einer der Gehaltsklassen 14 bis 23 und 54 Nr. 6 abgelegt worden ist, mit dem Tage, von dem an der Beamte erstmals eine Stelle dieser Gehaltsklassen bekleidet hat, wenn jedoch die Prüfung nach Erreichung einer der Gehaltsklassen 14 bis 23 und 54 Nr. 6 abgelegt worden ist, mit dem auf den letzten Tag der Prüfung folgenden Tag, also nicht erst mit dem etwa späteren Tage der Bekanntgabe des Prüfungsergebnisses. Der Lauf der 10 Dienstjahre beginnt jedoch spätestens — auch wenn keine Prüfung abgelegt worden ist — mit dem Eintritt in eine der Gehaltsklassen 21 bis 23 und 54 Nr. 6.

Beispiele:

a) Ein Beamter der jetzigen Besoldungsgruppe 7 ist am 1. Oktober 1892 als Zivilsupernumerar eingetreten und seinerzeit von der Ablegung einer Prüfung entbunden. Er ist am 1. April 1900 in einer Stelle der späteren Gehaltsklasse 22 planmäßig angestellt. Der Lauf der 10 Dienstjahre beginnt mit dem 1. April 1900. Er rückt am 1. April 1920 in die Gruppe 8 mit einem BDA. vom 1. April 1904.

b) Ein Beamter der jetzigen Besoldungsgruppe 7 ist am 1. April 1901 als Zivilsupernumerar eingetreten. Er hat am 15. Mai 1904 die Prüfung für den Büro- und Kassendienst bestanden und ist am

1. April 1912 in einer Stelle der Gehaltsklasse 22 planmäßig angestellt worden. Der Lauf der 10 Dienstjahre beginnt mit dem 1. April 1912. Er rückt also am 1. April 1922 in die Gruppe 8 ein mit einem BDA. vom 1. April 1913 (BDA. in Gruppe 7 = 1. April 1909).

c) Ein aus dem Militäranwärterstande hervorgegangener Beamter der jetzigen Besoldungsgruppe 7 ist am 1. November 1903 als Anwärter für den Büro- und Kassendienst eingetreten, er hat am 26. Mai 1906 die Prüfung für den Büro- und Kassendienst bestanden und ist am 1. November 1909 in einer Stelle der Gehaltsklasse 22 planmäßig angestellt. Der Lauf der 10 Dienstjahre beginnt am 1. November 1909.

d) Ein aus dem Militäranwärterstande hervorgegangener Beamter der jetzigen Besoldungsgruppe 7 ist am 1. April 1907 nach Ablegung einer Prüfung für eine Stelle der Gehaltsklasse 14 in einer Stelle der Gehaltsklasse 14 mit einem BDA. vom 1. April 1906 planmäßig angestellt. Am 15. August 1910 hat er die Prüfung für eine Stelle der Gehaltsklasse 22 bestanden. Am 1. April 1919 ist er in eine Stelle der Gehaltsklasse 22 befördert. Der Lauf der 10 Dienstjahre beginnt mit dem 16. August 1910. Er rückt am 16. August 1920 in die Gruppe 8 ein. Sein BDA. ist wie folgt festzusetzen:

Gruppe 6, 1. April 1906 Gruppe 7, 1. April 1908,
Gruppe 8, 1. April 1912.

Für die Beamten der Gehaltsklasse 13 der Besoldungsordnung vom 26. Mai 1909 (mit 1650 ℳ bis 3300 ℳ), die erst durch das Gesetz vom 29. Juni 1914 (GS. S. 121) mit Wirkung vom 1. April 1914 in die Gehaltsklasse 14 (mit 1800 ℳ bis 3600 ℳ) eingereiht worden sind, kann die zehnjährige Dienstzeit in Klasse 14 frühestens am 1. April 1914 zu laufen beginnen, auch wenn sie schon vor diesem Tage die Prüfung für eine Stelle der Gehaltsklassen 21 ff. abgelegt hatten.

(4) Soweit die Aufrückung der in Betracht kommenden Beamten auf Grund der Verfügung des Finanzministers — B 1626 — vom 21. Januar 1921 bereits verfügt ist und demzufolge unrichtige Bezüge angewiesen sind, sind die betreffenden Verfügungen rückgängig zu machen. Die bis zum Erlasse der Verfügung vom 3. Mai 1921 — B 2066 — bereits gezahlten Bezüge können in Ausgabe verbleiben. Vom nächsten Gehaltszahlungstermin an dürfen jedoch nur die nach dem anderweit festgesetzten BDA. berichtigten Bezüge gezahlt werden.

53. Für diejenigen Beamten, die bisher ein Einzelgehalt bezogen haben und für die durch das BDGG. Dienstaltersstufen eingeführt worden sind, wird das BDA. auf den Tag des Einrückens in ihre Stelle festgesetzt, soweit nicht die Vorschriften der Ziffern 46 oder 54 günstiger sind.

54. Würde ein Beamter, der mit Wirkung von einem früheren Tage als dem 1. April 1920 befördert oder aus dienstlichen Rücksichten versetzt worden ist, bei Anwendung der Bestimmungen in Ziffer 44 bis 53 ein niedrigeres Grundgehalt zu beziehen haben, als wenn er in einer früher bekleideten Stelle verblieben und erst am 1. April 1920 aus dieser in die Besoldungsgruppe, welcher er nach der BO. zuzuteilen ist, befördert worden wäre, oder würde der Beamte in der früheren Stelle bei dem nächsten Aufsteigen nach dem 1. April 1920 früher einen höheren oder gleichen Grundgehaltssatz erreicht haben, als es in der neuen Stelle der Fall sein würde, so ist sein BDA. festzusetzen, wie wenn er erst mit Wirkung vom 1. April 1920 in die Besoldungsgruppe, welcher er nach der BO. zuzuteilen ist, befördert worden wäre. Eine Versetzung aus dienstlichen Rücksichten im Sinne dieser Bestimmungen ist nur dann anzunehmen, wenn für die Versetzungsentscheidung lediglich die dienstliche Notwendigkeit der Versetzung maßgebend gewesen ist.

h) Bemessung des BDA. beim Wiedereintritt ausgeschiedener Beamter in den Staatsdienst.

55. (1) Wird einem einstweilen in den Ruhestand versetzten Beamten wieder eine planmäßige Stelle der Besoldungsgruppen 1 bis 13 übertragen, so gelten für die Berechnung des BDA., wenn die Versetzung in den einstweiligen Ruhestand nach dem 1. April 1920 wirksam geworden ist, die Bestimmungen in Ziffer 11 Abs. 2 und 37 bis 43, wenn sie am oder vor dem 1. April 1920 wirksam geworden ist, die Bestimmungen in Ziffer 44 bis 54 sinngemäß. In letzterem Falle tritt an die Stelle des 1. April 1920 der Tag, mit dem die Wiederanstellung wirksam wird.

(2) Von der Zeit des einstweiligen Ruhestandes ist die Zeit einer etwaigen Beschäftigung als Beamter oder in der Eigenschaft eines Beamten im Reichs- oder Staatsdienst als Dienstzeit in der früheren Stellung anzurechnen. Die übrige Zeit seit der Versetzung in den einstweiligen Ruhestand, insbesondere eine im privatrechtlichen Vertragsverhältnis zurückgelegte Beschäftigungszeit kann nur in sinngemäßer Anwendung der Ziffern 25 und 26 angerechnet werden.

56. (1) Bei der Wiederanstellung von dauernd zur Ruhe gesetzten Beamten gilt Ziffer 55 sinngemäß. Ist einem solchen Beamten der Wiedereintritt zu einem früheren Zeitpunkt ermöglicht gewesen, und hat er ihn durch eigenes Verschulden oder aus eigener Entschließung erheblich verzögert, so wird die frühere Dienstzeit in der Regel nicht angerechnet; sollten ausnahmsweise Gründe für eine solche Anrechnung geltend zu machen sein, so ist die Entscheidung des Fachministers einzuholen.

(2) Beamten, welche wegen eines in Ausübung des Dienstes erlittenen Unfalls in den Ruhestand versetzt worden sind, muß im Falle ihrer späteren Wiederanstellung die frühere Dienstzeit auf das BDA. angerechnet werden.

(3) Bei Militäranwärtern, die als Beamte der Besoldungsgruppe ihrer ersten planmäßigen Anstellung in den Ruhestand versetzt worden sind und in einer höheren Besoldungsgruppe wieder angestellt werden, kann Ziffer 31 sinngemäß angewandt werden.

57. (1) Ist ein Beamter aus einer planmäßigen Stelle freiwillig ohne Ruhegehalt ausgeschieden oder ist sein früheres Beamtenverhältnis durch Dienstentlassung gelöst worden, so wird im Falle seiner Wiederanstellung bei der Bemessung des BDA. und des Grundgehalts der neuen Stelle — vorbehaltlich der Vorschrift in Ziffer 35 — auf das BDA. und das Grundgehalt der früheren Stelle in der Regel keine Rücksicht genommen. Beamte, die ihre Stelle freiwillig aufgeben wollen, sind hierauf ausdrücklich hinzuweisen.

(2) Beamte, die in der Zeit zwischen ihrem Ausscheiden aus einer planmäßigen Stelle des Staatsdienstes und ihrem Wiedereintritt in denselben ununterbrochen im Reichs-, Landes- oder Schuldienst gestanden haben, werden so behandelt, wie wenn sie ununterbrochen in der zuletzt bekleideten Stelle des Staatsdienstes verblieben wären.

(3) Sollten im Einzelfalle besondere Gründe vorliegen, von den Grundsätzen der Abs. 1, 2 ausnahmsweise abzuweichen, so ist — und zwar in der Regel vor der Wiederanstellung des Beamten — die Entscheidung des Fachministers einzuholen, welche im Einverständnis mit dem Finanzminister ergeht; Ziffer 25 und 26 gelten sinngemäß.

i) Bemessung des BDA. beim Übertritt aus dem Reichsdienst oder dem Dienst eines der Länder.

58. (1) Tritt ein Reichsbeamter oder ein Beamter eines der Länder in den preußischen Staatsdienst über, so wird sein BDA., wenn nicht der Fall der Ziffer 59 vorliegt — vorbehaltlich der Vorschrift in Ziffer 61 Abs. 2 — in sinngemäßer Anwendung der Bestimmungen in Ziffer 44, 45, 46 und 53 festgesetzt. An die Stelle des 1. April 1920 tritt hierbei der Tag des Übertritts.

(2) Welcher Besoldungsgruppe des BDEG. die Gehaltsklasse entspricht, der der Beamte bisher angehört hat, bestimmt der zuständige Minister im Einvernehmen mit dem Finanzminister. Entspricht die Gehaltklasse, welcher der Beamte bisher angehört hat, keiner Besoldungsgruppe des BDEG., so setzt der Fachminister im Einvernehmen mit dem Finanzminister das BDA. fest.

59. (1) Entspricht die Gehaltsklasse, welcher der Beamte bisher angehört hat, nicht nur einer Besoldungsgruppe des BDEG., sondern stimmt sie auch mit ihr hinsichtlich der Grundgehaltssätze und der Dienstaltersstufen und im wesentlichen auch hinsichtlich der sonstigen Bestandteile des Diensteinkommens überein, so wird das BDA. so festgesetzt, wie wenn der Beamte aus der entsprechenden Besoldungsgruppe des BDEG. übergetreten wäre. Können Zweifel bestehen, ob diese Voraussetzungen gegeben sind, so entscheidet hierüber der Fachminister im Einvernehmen mit dem Finanzminister.

(2) Solange die Einreihung der Beamtengattung, welcher der Beamte bisher angehört hat, in die Gruppen der betreffenden Landesbesoldungsordnung noch durch einen Einspruch nach § 5 des Gesetzes zur Sicherung einer einheitlichen Regelung der Beamtenbesoldung (Besoldungssperrgesetz) vom 21. Dezember 1920 (RGBl. S. 2117) angefochten werden kann, ist nicht nach Abs. 1, sondern nach Ziffer 58 zu verfahren.

60. Welcher Besoldungsgruppe des BDEG. eine bestimmte Gehaltsklasse des Reichsbesoldungsgesetzes oder eines Landesbesoldungsgesetzes im Sinne der Ziffer 58 entspricht oder mit welcher sie im Sinne der Ziffer 59 übereinstimmt, bestimmt der Finanzminister.

61. (1) Ziffer 58 bis 60 gelten nur beim unmittelbaren Übertritt aus dem Reichsdienst oder dem Dienst eines der Länder. In den Fällen, in denen ein Beamter, der aus einer planmäßigen Stelle des Reichs- oder Landesdienstes freiwillig ausgeschieden oder dessen früheres Beamtenverhältnis im Reichs- oder Landesdienste durch Dienstentlassung gelöst worden ist, im preußischen Staatsdienst planmäßig angestellt wird, gilt Ziffer 57 sinngemäß.

(2) Ein aus dem Dienste des Reichs oder der Länder übernommener Beamter darf niemals ein höheres BDA. erhalten, als es ein preußischer Beamter in der gleichen Stelle unter Berücksichtigung der verschiedenen Vor- und Ausbildungszeit erhalten würde.

(3) Ziffer 58 bis 61 gelten nicht für frühere preußische Staatsbeamte, bei denen die Ziffer 57 zutrifft.

(4) Der § 3 Abs. 8 BDEG. bleibt unberührt.

k) Bemessung des BDA. in besonderen Fällen.

Bemessung des BDA. bei Versetzung auf Grund eines Disziplinarurteils.

62. (1) Wird ein Beamter auf Grund eines Disziplinarurteils in eine Stelle derselben Besoldungsgruppe versetzt, so ist, wenn auf Strafversetzung ohne Verminderung des Diensteinkommens erkannt ist, dem Beamten sein Grundgehalt und BDA. auch in der neuen Stelle unverkürzt zu belassen.

(2) Ist auf Strafversetzung mit Verminderung des Diensteinkommens erkannt, so ist dem Beamten zwar das BDA. unverkürzt zu belassen, in jeder Dienstaltersstufe aber das ihm hiernach zustehende Grundgehalt um den Betrag der im Disziplinarurteil festgesetzten Einkommensverminderung zu kürzen (vgl. auch Ziffer 92, 108, 123).

(3) Wenn in den Fällen einer Strafversetzung mit Einkommensverminderung von der Kürzung des Grundgehalts, insbesondere nach Erreichung der höchsten Dienstaltersstufe, ganz oder zum Teil wieder abgesehen werden soll, so ist hierüber die Entscheidung des Fachministers einzuholen.

Erste planmäßige Anstellung in einer Beförderungsgruppe.

63. Erfolgt die erste planmäßige Anstellung eines Beamten in einer Besoldungsgruppe, die er bei regelmäßig verlaufener Dienstlaufbahn erst im Wege der Beförderung erreicht hätte, so ist — vorbehaltlich der Vorschrift in Ziffer 11 — für die Berechnung des BDA. zu unterstellen, daß der Beamte in der Besoldungsgruppe, die er bei regelmäßig verlaufener Dienstlaufbahn zuerst erreicht hätte, angestellt und zugleich in die höhere Besoldungsgruppe befördert worden wäre.

Berücksichtigung von Ausbildungszeit auf einer Fachschule.

64. (1) Die Zeit eines durch die Annahme- oder Prüfungsbedingungen vorgeschriebenen Besuchs einer staatlichen oder staatlich anerkannten technischen Fachschule oder eines diesen ersetzenden Hochschulbesuchs wird bis zur Höchstdauer von drei Jahren auf das BDA. angerechnet, soweit dadurch der Beginn des BDA. gegenüber den nicht technisch vorgebildeten Beamten, welche in demselben Dienstzweig (Ziffer 22) und in derselben Besoldungsgruppe im wesentlichen mit gleichen Dienstverrichtungen beschäftigt sind, nachweislich hinausgeschoben wird.

(2) Ziffer 23 Abs. 3 gilt sinngemäß.

(3) Abs. 1 und 2 gilt auch für die beim Inkrafttreten des BDEG. vorhanden gewesenen Beamten.

Berücksichtigung von Kriegsdienstzeit.

65. Die Zeit eines Kriegsdienstes und eines nach Ziffer 32 c—f anzurechnenden Dienstes wird allen — auch den am 31. März 1920 vorhanden gewesenen — Beamten auf das BDA. angerechnet, wenn und soweit dadurch die planmäßige Anstellung im Vergleiche zu anderen Beamten, die den gleichen Dienstzweig (Ziffer 22), der gleichen Dienstlaufbahn und der gleichen Besoldungsgruppe angehören, nachweislich verzögert worden ist. Hierbei gelten folgende Grundsätze (Ziffer 66 bis 72):

66. (1) Der Nachweis der Verzögerung der planmäßigen Anstellung durch den Kriegsdienst ist im Zweifel als erbracht anzusehen, wenn sich der Anwärter zum Eintritt bei der Verwaltung innerhalb einer nicht verlängerbaren Frist von 3 Monaten nach dem Tag gemeldet hat, an dem er sich nach Beendigung seines Kriegsdienstes frühestens melden konnte.

(2) Hat ein Anwärter es unterlassen, sich vor Beginn seines Kriegsdienstes zum Eintritt bei der Verwaltung zu melden, obwohl es ihm möglich gewesen wäre, so ist im Zweifel nicht anzunehmen, daß eine Verzögerung der planmäßigen Anstellung durch den Kriegsdienst erfolgt ist. Dasselbe gilt, wenn ein Anwärter es unterlassen hat, sich während des Kriegsdienstes zum Eintritt bei der Verwaltung zu melden, obwohl es ihm möglich gewesen wäre und nach Lage der Verhältnisse von ihm erwartet werden konnte.

(3) Die Zeit, um welche die planmäßige Anstellung verzögert ist, ist nach Lage des Einzelfalles zu ermitteln. Dabei ist zu untersuchen, wann der Anwärter sich wahrscheinlich gemeldet haben würde, wenn er nicht Kriegsdienst geleistet hätte.

67. (1) Ist die Ablegung einer Prüfung Vorbedingung für die erste planmäßige Anstellung, oder erfolgt bei einer bestimmten Gattung von Beamten die planmäßige Anstellung nach der Reihenfolge eines Prüfungsergebnisses oder einer Vormerkung, so erhält der Anwärter, der infolge des Kriegsdienstes die Prüfung verspätet abgelegt hat oder nicht in der Reihenfolge des Prüfungsergebnisses oder der Vormerkung planmäßig angestellt worden ist, bei der planmäßigen Anstellung — soweit möglich — dasselbe BDA. wie der bereits angestellte Anwärter, dem er in der Reihenfolge der Anwartschaft unmittelbar vorangegangen ist oder vorangegangen wäre, wenn er die Prüfung hätte rechtzeitig ablegen können.

(2) Ist die Ablegung einer Prüfung Vorbedingung für den Übertritt in eine höhere Besoldungsgruppe, so erhält der Anwärter, der in-

folge des Kriegsdienstes die Prüfung verspätet abgelegt hat und deshalb verspätet befördert worden ist, bei der Beförderung — soweit möglich — dasselbe BDA. wie der bereits beförderte Anwärter, dem er in der Reihenfolge der Anwartschaft unmittelbar vorangegangen ist oder vorangegangen wäre, wenn er die Prüfung rechtzeitig hätte ablegen können.

68. Anwärtern, die nach Ableistung des Probe- oder Vorbereitungsdienstes ohne weiteren Befähigungsnachweis planmäßig angestellt werden, wird bei der planmäßigen Anstellung die Zeit auf das BDA. angerechnet, um welche die Anstellung infolge des Kriegsdienstes nachweislich später erfolgt ist.

69. (1) Berücksichtigt wird in allen Fällen nur eine nachgewiesene Verzögerung; Anwartschaften, die sich nur auf Mutmaßungen gründen, bleiben außer Betracht.

(2) Bei der Berechnung der anzurechnenden Zeit werden Vorteile, die durch Notprüfungen, Abkürzung der Vorbereitungszeit usw. erzielt worden sind, gegengerechnet.

(3) Die gleichzeitige Anrechnung derselben Zeiträume nach Ziffer 65 und nach Ziffer 27 und 32 ist unzulässig. Den Vorrang hat die Anrechnung nach Ziffer 65.

70. (1) Dem Kriegsdienst im Sinne der Ziffer 65 ist der Vaterländische Hilfsdienst gleichzuachten, der auf Grund einer Überweisung (§ 7 Abs. 3 des Reichsgesetzes vom 5. Dezember 1916 — RGBl. S. 1333 —) oder auf Grund einer von der vorgesetzten Dienstbehörde ausgesprochenen Beurlaubung abgeleistet ist.

(2) Wieweit ein sonst übernommener vaterländischer Hilfsdienst dem Kriegsdienst gleichzuachten ist, bestimmt der Fachminister im Einvernehmen mit dem Finanzminister.

(3) Dem Vaterländischen Hilfsdienst steht eine Tätigkeit gleich, die zwar bereits vor dem Inkrafttreten des erwähnten Gesetzes vom 5. Dezember 1916 verrichtet, aber nach dem Gesichtspunkte dieses Gesetzes als vaterländischer Hilfsdienst anzusehen ist.

71. Ob und inwieweit der Dienst in einem verbündeten oder befreundeten Heere als Kriegsdienst im Sinne der Ziffer 65 gilt, bestimmt im einzelnen Falle der Fachminister im Einvernehmen mit dem Finanzminister.

72. Die Anrechnung nach den vorstehenden Ziffern ist ferner ausgeschlossen, soweit schon durch die Anrechnung derselben Dienstzeit auf das Anwärterdienstalter eine Verbesserung des BDA. nach Ziffer 20 einzutreten hat.

Berücksichtigung militärischer Dienstzeit vor dem Kriege.

73. (1) In sinngemäßer Anwendung der Ziffern 65 bis 72 wird allen Beamten, mit Ausnahme der Militäranwärter, die vor dem Kriege 1914—1918 in Erfüllung der gesetzlichen Dienstpflicht zurückgelegte Militär- oder Marinedienstzeit bis zur Dauer eines Jahres auf das BDA. angerechnet, *soweit* durch die Militärdienstzeit die Einberufung oder die rechtzeitige Ablegung einer Prüfung *nachweislich* verzögert ist.

(2) Der Fachminister kann im Einvernehmen mit dem Finanzminister die Anrechnung dieses Dienstjahres auch bei solchen Beamten oder Beamtengattungen zulassen, bei denen die Zurücklegung dieses Dienstjahres zu den Anstellungsbedingungen gehört.

Anstellung von Geistlichen im unmittelbaren Staatsdienst.

74. (1) Bei der Anstellung von Geistlichen im unmittelbaren Staatsdienst ist die im geistlichen Amt nach der Ordination zugebrachte Dienstzeit, soweit sie fünf Jahre übersteigt, auf das BDA. nach Gruppe 10 anzurechnen. Bei der Übernahme an höhere Lehranstalten oder Lehrer- und Lehrerinnenbildungsanstalten erfolgt die Anrechnung jedoch nur soweit, daß das BDA. frühestens von der Vollendung des elften Jahres nach Ablegung der Reifeprüfung ab rechnet.

(2) Bei der Anstellung der in Abs. 1 bezeichneten Geistlichen in einer Stelle der Besoldungsgruppe 9 wird das nach Abs. 1 berechnete BDA. um 2 Jahre, bei einer Stelle der Besoldungsgruppe 8 um 4 Jahre vorgerückt.

Anstellung seminaristisch gebildeter Lehrer im staatlichen Schul- oder Schulaufsichtsdienst.

75. Bei der Anstellung seminaristisch gebildeter Lehrer (Lehrerinnen) im staatlichen Schul- oder Schulaufsichtsdienst finden die Ziffern 11 Abs. 2, 37 bis 40 und 59 mit der Maßgabe sinngemäß Anwendung, daß die im öffentlichen Schuldienst in planmäßigen Stellen verbrachte Dienstzeit dem unmittelbaren Staatsdienst gleichgeachtet wird. Bei Übernahme von einstweilig angestellten Lehrern in den staatlichen Schuldienst gelten bis zur planmäßigen Anstellung — die nicht vor dem 27. Lebensjahr erfolgen darf — die Bestimmungen des BDG.

Berücksichtigung sonstiger Lehrerdienstzeit.

76. (1) Den akademisch gebildeten Lehrern (Lehrerinnen) an höheren Lehranstalten und an Lehrer- und Lehrerinnenbildungsanstalten kann von dem Minister für Wissenschaft, Kunst und Volksbildung im Einverständnis mit dem Finanzminister die im preußischen oder außerpreußischen Universitätsdienst sowie die im außerpreußischen Schulaufsichts- oder Kirchendienst zugebrachte Zeit, ferner der ausländische Dienst, der, wenn er im Inlande geleistet wäre, zur Anrechnung gelangen würde, und der nach Erlangung der Anstellungsfähigkeit für den höheren Schuldienst geleistete Dienst an deutschen Auslandsschulen und an inländischen öffentlichen nicht höheren Schulen, deren Lehrpläne über die Ziele der Volksschule hinausgehen, ganz oder zum Teil im Rahmen des § 3 Abs. 7 BDEG. auf das BDA. angerechnet werden.

(2) Den nicht akademisch gebildeten Lehrern (Lehrerinnen) an höheren Lehranstalten und an Lehrer- und Lehrerinnenbildungsanstalten kann von dem Minister für Wissenschaft, Kunst und Volksbildung im Einverständnis mit dem Finanzminister außer der Dienstzeit an den

in Abs. 1 genannten Schulen die im außerpreußischen öffentlichen Schuldienst zugebrachte Zeit ganz oder zum Teil im Rahmen des § 3 Abs. 7 BDEG. auf das BDA. angerechnet werden.

Übertritt von Lehrpersonen an Fach- und Fortbildungsschulen aus dem nichtstaatlichen Dienst in den Staatsdienst.

77. Beim Übertritt von Lehrpersonen an nichtstaatlichen Fach- und Fortbildungsschulen in den Staatsdienst wird die im Volksschul-, Fach- und Fortbildungsschuldienst in planmäßigen Stellen verbrachte Dienstzeit dem unmittelbaren Staatsdienst gleichgeachtet.

78. Ist das BDA. der in Ziffer 74 bis 77 genannten Beamten in der ersten planmäßigen Stelle durch Anrechnung von Dienstzeit gemäß den zwingenden Bestimmungen für Staatsbeamte verbessert worden, so ist diese Verbesserung auch bei Festsetzung des BDA. im Staatsdienst zu berücksichtigen.

Anstellung nicht vollbesoldeter Kreisärzte und Kreistierärzte als vollbesoldete Kreisärzte und Kreistierärzte und als Regierungs- und Medizinalräte und Regierungs- und Veterinärräte.

79. (1) Wird ein nicht vollbesoldeter Kreisarzt oder Kreistierarzt als vollbesoldeter Kreisarzt oder Kreistierarzt angestellt, so wird das BDA. vom Tage der Anstellung als nicht vollbesoldeter Kreisarzt oder Kreistierarzt ab gerechnet.

(2) Wird ein nicht vollbesoldeter Kreisarzt oder Kreistierarzt als Regierungs- und Medizinalrat oder Regierungs- und Veterinärrat angestellt, so wird das Grundgehalt der früheren Stelle nach Abs. 1 festgestellt.

Bemessung des BDA. der Beamten der Landjägerei, der Verwaltungs- und Kriminalpolizei.

80. (1) Die Angehörigen der Landjägerei sind im unmittelbaren Staatsdienst stehende Beamte. Sie erwerben mit dem Zeitpunkt der endgültigen Übertragung einer planmäßigen Stelle in der Landjägerei das Recht auf lebenslängliche Anstellung.

(2) Für Landjäger, die den Zivilversorgungsschein vor ihrer planmäßigen Anstellung in der Landjägerei erworben haben, gelten hinsichtlich des Rechts der Bewerbung um andere Beamtenstellen und des Erlöschens des Zivilversorgungsscheins dieselben Vorschriften wie für andere, im unmittelbaren Staatsdienst angestellte ehemalige Militäranwärter.

(3) Von denjenigen Landjägern, die bei ihrer planmäßigen Anstellung nicht im Besitz des Zivilversorgungsscheins sind, kann durch den Dienst in der Landjägerei der Zivilversorgungsschein und damit das Recht der Bewerbung um andere Beamtenstellen nach Maßgabe der Anstellungsgrundsätze vom 20. Juni 1907 nicht mehr erworben werden.

(4) Der Landjäger beginnt grundsätzlich mit dem Anfangsgehalt seiner Stelle (Besoldungsgruppe 4). Denjenigen Landjägern, die sich zur Zeit ihrer Anstellung als Landjäger im Besitz des Zivilversorgungsscheins befinden, wird die Militärdienstzeit oder die ihr etwa gesetzlich gleichgeachtete Dienstzeit bei der Schutzpolizei nach Maßgabe der gesetzlichen Vorschriften auf das BDA. in der Landjägerei angerechnet.

(5) Den vorhandenen und bis zu einem noch zu bestimmenden Zeitpunkt in den Dienst der Landjägerei eintretenden Beamten, die noch nicht im Besitze des Zivilversorgungsscheins sind, bleibt das Recht gewahrt, bei der Landjägerei den Zivilversorgungsschein mit der Maßgabe zu erdienen, sich bei anderen Behörden als Militäranwärter um Anstellung zu bewerben. Dasselbe Recht der Bewerbung haben diejenigen Landjäger, die den Zivilversorgungsschein vor Inkrafttreten dieser Bestimmung und nach ihrer planmäßigen Anstellung in der Landjägerei erworben haben.

(6) Bei den vor dem 1. April 1920 planmäßig angestellten Landjägereibeamten findet eine Anrechnung von Militärdienstzeit auf das BDA. nur statt, wenn sie den Zivilversorgungsschein vor ihrer planmäßigen Anstellung als Landjäger erworben haben, also zur Zeit dieser Anstellung Militäranwärter waren. Im übrigen gelten für sie die Bestimmungen der Abs. 1 bis 4 entsprechend.

(7) Die Bestimmungen unter Abs. 2 bis 6 finden auf die Polizei- und Kriminal-Betriebsassistenten (bisherigen Polizei- und Kriminalwachtmeister) der Verwaltung des Innern entsprechende Anwendung.

Bemessung des BDA. der Beamten der Schutzpolizei.

81. (1) Die Festsetzung des BDA. der in die der Verwaltung des Innern unterstehenden Schutzpolizei und in den Verwaltungsdienst der Schutzpolizei eingestellten ehemaligen Soldaten und Beamten der Wehrmacht und der staatlichen und kommunalen Polizeiverwaltungen wird durch den Minister des Innern im Einvernehmen mit dem Finanzminister geregelt.

(2) Das BDA. der uniformierten und bewaffneten Beamten der Schutzpolizei, die in planmäßige Stellen des sonstigen Zivildienstes übernommen werden, wird nach Maßgabe des noch zu erlassenden Versorgungsgesetzes für die Beamten der Schutzpolizei bestimmt.

Anrechnung von Bibliotheksdienstzeit für Bibliotheksekretäre und Bibliotheksekretärinnen.

82. (1) Bibliotheksekretäre und Bibliotheksekretärinnen wird die nach Ablegung der Diplomprüfung und nach vollendetem 20. Lebensjahre im Bibliotheksdienst des Reichs oder der preußischen Staatsverwaltung abgeleistete Dienstzeit, soweit sie 5 Jahre übersteigt, in den Grenzen des § 3 Abs. 7 BDEG. auf das BDA. angerechnet. Über die Anrechnung von außerhalb des Bibliotheksdienstes des Reichs oder der preußischen Staatsverwaltung abgeleistete Bibliotheksdienstzeit bestimmt im Einzelfalle der Fachminister im Einvernehmen mit dem Finanzminister.

($_2$) Für Bibliothekſekretäre und Bibliothekſekretärinnen, die von der Ablegung der Diplomprüfung befreit worden sind, bestimmt über die auf das BDA. anzurechnende Bibliotheksdienstzeit im Reich, in der preußischen Staatsverwaltung oder außerhalb dieser Verwaltung im Einzelfalle der Fachminister im Einvernehmen mit dem Finanzminister.

Günstigste Berechnung des BDA.

83. Würde sich eine Verbesserung des BDA. einerseits mit Rücksicht auf das bisher bezogene Grundgehalt, anderseits mit Rücksicht auf anzurechnende Vordienstzeiten ergeben, so werden nicht beide Berechnungen nacheinander, sondern es wird jede Berechnung für sich vorgenommen. Nach der günstigeren Berechnung wird sodann das BDA. festgesetzt.

Schlußvorschriften über das Grundgehalt.

84. Ergeben sich aus der Regelung des BDA. nach vorstehenden Bestimmungen Härten, so kann der Fachminister im Einvernehmen mit dem Finanzminister ausnahmsweise zum Ausgleich dieser Härten das BDA. unter Abweichung von den erwähnten Bestimmungen festsetzen. Nachzahlungen sollen jedoch in der Regel nicht über den Beginn des Vierteljahres erfolgen, in dem der Ausgleich an zuständiger Stelle angeregt worden ist.

85. Als eine Härte, die eines solchen außerordentlichen Ausgleichs bedarf, ist beispielsweise nicht anzusehen:

a) wenn eine Stelle nicht mit rückwirkender Kraft verliehen worden ist, obwohl es nach Ziffer 14 zulässig gewesen wäre,
b) wenn ein dienstjüngerer Amtsgenosse — auch bei derselben Behörde — ein höheres Grundgehalt bezieht,
c) wenn in einer früher bekleideten Stelle oder in einer verlassenen Dienstlaufbahn eine günstigere Beförderung oder sonstige Vorteile hätten erreicht werden können.

2. Ortszuschlag.

A. Allgemeines.

86. Zum Grundgehalt der planmäßigen Beamten tritt als weiterer Bestandteil des Diensteinkommens ein Ortszuschlag nach Maßgabe der diesen Gehaltsvorschriften als Anlage 2 beigegebenen Ortszuschlagtafel. Der Ortszuschlag ist danach — je nach der Höhe des Grundgehalts — in sieben Ortszuschlagsgruppen (Ziffer 90 bis 92) und außerdem nach 5 Ortsklassen (Ziffer 93 bis 96) abgestuft.

87. Eine verheiratete Beamtin erhält den Ortszuschlag nur zur Hälfte, wenn sie mit ihrem Ehemann einen gemeinsamen Haushalt führt. Hat sie wegen völliger Erwerbsunfähigkeit des Ehemannes oder aus sonstigen Umständen allein oder überwiegend für den Unterhalt der Familie zu sorgen, oder ist sie zur ehelichen Gemeinschaft nicht verpflichtet, so kann ihr von dem zuständigen Fachminister der volle Ortszuschlag bewilligt werden.

88. Beamten, die gleichzeitig eine Stelle im Dienste des Reichs oder eines der Länder bekleiden, wird der nach dem höchsten Grundgehalt zu berechnende Ortszuschlag nur in Höhe eines dem aus der Staatskasse gezahlten Grundgehalt entsprechenden Teilbetrags gewährt (§ 4 Abs. 3 BDEG.). Eine Stelle im Dienste einer öffentlichen Körperschaft wird einer Stelle im Reichs- oder Staatsdienste gleichgeachtet.

Beispiele:

I. Ein Beamter der Besoldungsgruppe B 3 in einem Orte der Ortsklasse A bezieht an Grundgehalt:

a) aus Mitteln des Staates		10 000 ℳ
b) aus Mitteln des Reichs		6 000 „
Er erhält an Ortszuschlag:		
a) aus Mitteln des Staates .	$\frac{10\,000\text{ ℳ}}{16\,000} \cdot 4\,000\text{ ℳ} =$	2 500 „
b) aus Mitteln des Reichs .	$\frac{6\,000\text{ ℳ}}{16\,000} \cdot 4\,000\text{ ℳ} =$	1 500 „
	Zusammen	4 000 ℳ

II. Ein Beamter der Besoldungsgruppe B 4 in einem Orte der Ortsklasse D bezieht an Grundgehalt:

a) aus Mitteln des Staates		15 300 ℳ
b) aus Mitteln der Provinzialverwaltung		20 000 „
Er erhält an Ortszuschlag:		
a) aus Mitteln des Staates .	$\frac{15\,300\text{ ℳ}}{35\,300} \cdot 2\,700\text{ ℳ} =$	1 170 „
b) aus Mitteln der Provinzialverwaltung	$\frac{20\,000\text{ ℳ}}{35\,300} \cdot 2\,700\text{ ℳ} =$	1 530 „
	Zusammen	2 700 ℳ

89. (1) Eine nach Ziffer 87 gebotene Herabsetzung des Ortszuschlags auf die Hälfte wird vom Ersten des Monats an wirksam, welche auf das für die Herabsetzung maßgebende Ereignis (z. B. die Verheiratung) folgt. Hat sich das Ereignis am ersten Tage eines Monats zugetragen, so wird die Herabsetzung von diesem Tage an wirksam.

(2) Eine nach derselben Bestimmung gebotene Erhöhung des Ortszuschlags auf den vollen Betrag wird vom Ersten des Monats an wirksam, in dem das maßgebende Ereignis (z. B. der Tod des Ehemanns) fällt.

B. Ortszuschlaggruppen.

90. (1) Die Einreihung eines planmäßigen Beamten in eine der sieben Ortszuschlaggruppen richtet sich lediglich nach der Höhe des Grundgehalts. Alle Zuschläge, Zulagen und sonstigen Bezüge bleiben außer Betracht.

(2) Bei den in der Besoldungsordnung mit einem †) bezeichneten weiblichen Beamten ist die Kürzung des Grundgehalts auf die Berechnung des Ortszuschlags ohne Einfluß.

(3) Die nicht vollbesoldeten Kreisärzte und die nicht vollbesoldeten Kreistierärzte erhalten nicht mehr Gehälter mit Mindestgrundgehaltssätzen, sondern 75 v. H. der Grundgehaltssätze der vollbesoldeten Kreisärzte und der vollbesoldeten Kreistierärzte (Gruppe 10), also sind an Stelle der eingeklammerten Sätze der Besoldungsgruppe 10 zu zahlen: (8 400) = 6 300, (9 200) = 6 900, (10 000) = 7 500, (10 800) = 8 100, (11 300) = 8 475, (11 800) = 8 850, (12 300) = 9 225, (12 600) = 9 450. Nach diesem gekürzten Grundgehalt richtet sich auch die Höhe des Ortszuschlags.

91. Auf die Vorrückung in höhere Ortszuschlaggruppen nach Maßgabe der Ortszuschlagtafeln (Anlage 2) haben die planmäßigen Beamten einen Rechtsanspruch. Ziffer 7 bis 9 gelten entsprechend.

92. (1) Vermindert sich das Grundgehalt eines Beamten infolge einer Versetzung in eine niedrigere Besoldungsgruppe (Ziffer 40), so erhält er den dem neuen Grundgehalt entsprechenden Ortszuschlag von dem Zeitpunkt an, mit dem der Bezug des Gehalts der bisherigen Dienststelle aufhört.

(2) Ein Beamter, der auf Grund eines Disziplinarurteils oder infolge einer vorläufigen Dienstenthebung ein vermindertes Diensteinkommen bezieht, wird der Ortszuschlaggruppe zugeteilt, der er jeweils zuzuteilen wäre, wenn er ein ungekürztes Grundgehalt beziehen würde. Der so sich ergebende Ortszuschlag wird in dem gleichen Verhältnis gekürzt wie das Grundgehalt nach Ziffer 62.

C. Ortsklassen.

93. (1) Für die Einreihung eines Beamten in eine der fünf Ortsklassen ist der dienstliche Wohnsitz des Beamten maßgebend (§ 6 Abs. 1 BDEG.).

(2) Unter dem dienstlichen Wohnsitz ist der Amtssitz, d. h. der Sitz der Behörde zu verstehen, bei der der Beamte angestellt ist, also nicht der etwa davon abweichende tatsächliche Wohnort.

(3) Statt dessen kann in Ausnahmefällen der Fachminister einzelnen Beamten oder Beamtengattungen den Ort, welcher den Mittelpunkt ihrer dienstlichen Obliegenheiten bildet, als dienstlichen Wohnsitz im Sinne des Abs. 1 anweisen. Der Fachminister kann diese Befugnis auf andere Behörden übertragen.

(4) Ebenso kann ausnahmsweise der Fachminister bis auf weiteres einem einzelnen Beamten den tatsächlichen Wohnort als dienstlichen Wohnsitz anweisen, sofern er ihn auf Anordnung seiner vorgesetzten Dienststelle inne hat.

94. Bei einer Versetzung erlischt der Anspruch auf den dem bisherigen Wohnsitz entsprechenden Satz des Ortszuschlags mit dem Zeitpunkt, mit dem der Bezug des Grundgehalts (Grundvergütung) der bisherigen Dienststelle aufhört.

95. Bis zur Neuaufstellung eines Ortsklassenverzeichnisses gilt für die Stellung der Orte in den verschiedenen Ortsklassen das Gesetz betreffend die vorläufige Regelung des Ortsklassenverzeichnisses vom 12. Mai 1921 — RGBl. S. 513 — nebst Ergänzungen.

96. Welcher Ortsklasse ein außerhalb Deutschlands gelegener, in dem Reichs-Ortsklassenverzeichnisse nicht enthaltener Ort, an dem preußische Beamte ihren dienstlichen Wohnsitz haben, zuzuweisen ist, wird von dem Fachminister in Gemeinschaft mit dem Finanzminister bestimmt (§ 5 Abs. 2 BDEG.).

D. Anrechnung der Dienstwohnung auf den Ortszuschlag.

97. Als Dienstwohnungen im Sinne des BDEG. gelten nur solche Wohnungen oder einzelne Zimmer, die einem Beamten auf Grund des Staatshaushaltsplans zugewiesen sind.

98. (1) Die Dienstwohnung wird dem Beamten mit einem angemessenen Betrage auf den ihm zustehenden Ortszuschlag einschließlich Ausgleichszuschlag angerechnet. Die Einräumung einer Dienstwohnung ohne Entgelt ist unzulässig.

(2) Ein Dienstgarten gilt nicht mehr als Zubehör einer Dienstwohnung. Die Vergütung für den Dienstgarten wird durch die zuständige Behörde besonders festgesetzt.

99. (1) Der Anrechnungsbetrag soll den am Wohnorte des Beamten für Wohnungen derselben Art zu zahlenden Mietpreisen entsprechen.

(2) Bei der Ermittelung des Mietwerts ist einerseits der gemeine Wert der Wohnung nach ihrer Größe und ihrer Beschaffenheit sowie nach den an demselben Orte für Wohnungen derselben Art zu zahlenden Mietpreisen, anderseits der Wert, den die Wohnung für den Beamten hat, zu berücksichtigen. Mehr- und Minderleistungen, die der Staatskasse nach den maßgebenden Bestimmungen gegenüber der ortsüblichen Regelung obliegen, sind bei der Festsetzung durch Erhöhung oder Verminderung des sich aus dem Vergleich mit den ortsüblichen Mieten ergebenden Betrages innerhalb der Höchstgrenze der Ziffer 100 zu berücksichtigen.

(3) Ändern sich die für die Festsetzung maßgebend gewesenen Verhältnisse insbesondere die örtlichen Mietpreise, so ist eine Nachprüfung vorzunehmen. Änderungen des Anrechnungsbetrags werden mit dem Ersten des auf die Neufestsetzung folgenden Monats wirksam.

(4) Die Beamten, denen andere Wohnungen als die in Ziffer 97 bezeichneten Dienstwohnungen in staatseigenen oder vom Staate angemieteten Gebäuden zur Verfügung gestellt werden, haben die ortsüblichen Mietpreise zu zahlen. Die Höhe des Mietpreises setzt die gemäß Ziffer 102 Abs. 2 zuständige Behörde fest. Er soll, wenn nicht besondere Verhältnisse eine Ausnahme rechtfertigen, nicht unter den Betrag festgesetzt werden, der vom Staate als Miete entrichtet wird. Der Mietpreis ist im Voraus durch Anrechnung auf die Dienstbezüge und jeweils für die gleichen Zeitabschnitte, für welche diese gewährt werden, zu entrichten.

(5) Das geringere Wohnungsbedürfnis eines Beamten darf bei der Bewertung des Wertes der Wohnung nur dann berücksichtigt werden, wenn die von ihm nicht beanspruchten Räume der Behörde zur anderweiten Verwertung zur Verfügung gestellt werden.

100. (1) Auf den Ortszuschlag einschließlich Ausgleichszuschlag dürfen, falls das Anfangsgrundgehalt der Besoldungsgruppe des Wohnungsinhabers 7000 ℳ nicht übersteigt, nicht mehr als 30 v. H., falls es 7000 ℳ, aber nicht 11000 ℳ übersteigt, nicht mehr als 40 v. H., im übrigen nicht mehr als 50 v. H. des für ihn in seiner Besoldungsgruppe erreichbaren höchsten Ortszuschlags einschließlich Ausgleichszuschlags angerechnet werden.

(2) Die Höchstgrenze des hiernach im einzelnen Falle für eine Dienstwohnung anzurechnenden Betrags ergibt sich aus folgender Übersicht:

Die Höchstgrenze des für eine Dienstwohnung anzurechnenden Betrags beträgt					
für Beamte der Besoldungsgruppe	in den Orten der Ortsklasse				
	A ℳ.	B ℳ.	C ℳ.	D ℳ.	E ℳ.
1 bis 3	900	720	600	510	420
4 und 5	1 050	840	690	585	480
6 bis 8	1 200	960	780	660	540
9	1 800	1 440	1 160	980	800
10 und 11	2 000	1 600	1 280	1 080	880
12, 13 und Einzelgehälter	2 500	2 000	1 600	1 350	1 100

Zu allen Beträgen tritt noch der jeweils geltende Ausgleichszuschlag zum Ortszuschlag einschließlich etwaiger Notzuschläge hinzu.

101. Gibt der Inhaber einer Dienstwohnung unter Zustimmung oder auf Anforderung seiner vorgesetzten Dienstbehörde Räume anderweit ab, die bei der letzten Wertfestsetzung berücksichtigt sind, so ist der anzurechnende Wert der Wohnung neu festzusetzen. Der Erlös für die abgegebenen Räume fällt dem Staate zu.

102. (1) Der Anrechnungsbetrag ist unter Beachtung der gegebenen Richtlinien in allen Fällen durch die zuständige Behörde unter Beteiligung der Ortsbaubeamten und unter Mitwirkung der zuständigen (örtlichen) Beamtenvertretung festzusetzen. Solange eine Festsetzung für die Wohnung überhaupt noch nicht stattgefunden hat, sind einstweilen, vorbehaltlich der Festsetzung, die in Ziffer 100 bezeichneten Sätze zu erheben.

(2) Welche Behörden für die Festsetzung des für eine Dienstwohnung anzurechnenden Betrags zuständig sind, bestimmt der Fachminister.

(3) Der Beamte kann den Antrag auf anderweitige Festsetzung des für die Dienstwohnung anzurechnenden Betrags wiederholen, wenn seit dem Zeitpunkt, in dem die letztmalige anderweitige Festsetzung wirksam geworden oder der letzte Antrag auf anderweitige Festsetzung abgelehnt worden ist, ein Jahr verstrichen ist. Die Behörde kann eine erneute anderweitige Festsetzung jederzeit veranlassen.

3. Sondervergütungen, Nebenbezüge und sonstige Vergünstigungen.

103. Zulagen aller Art aus dem Hauptamt, die nicht im BDEG. und seinen Anlagen, insbesondere den Schlußbemerkungen zur Besoldungsordnung vorgesehen sind, dürfen künftig nicht mehr fortgezahlt oder neu bewilligt werden. Damit sind alle bisher bestehenden Gehaltszulagen und Nebenbezüge aus dem Hauptamt vom 1. April 1920 an ohne weiteres abgeschafft, soweit sie dem BDEG. entgegenstehen. Bestehen geblieben sind insbesondere solche Bezüge, die sich als Dienstaufwandsentschädigungen darstellen.

104. Für ein Nebenamt oder Nebengeschäft kann dem Beamten eine besondere Vergütung aus der Staatskasse bewilligt werden, wenn es mit dem Hauptamt nicht in unmittelbarem Zusammenhange steht oder den Beamten im besonderen Maße in Anspruch nimmt (§ 9 Abs. 2 BDEG.).

105. (1) Staatsseitig gewährte Nutzung von Wirtschaftsland, Feuerungs- und Beleuchtungsmitteln, Verpflegung, Jagdnutzung und dergleichen werden dem Beamten mit einem angemessenen Betrag auf das Diensteinkommen angerechnet.

(2) Die Höhe des Anrechnungsbetrags wird von der zuständigen Behörde unter Mitwirkung der zuständigen Beamtenvertretung festgelegt, in Zweifelsfällen entscheidet der zuständige Minister in Gemeinschaft mit dem Finanzminister endgültig (§ 10 Abs. 1 BDEG.).

(3) Die allgemeinen Vorschriften über die Bestreitung der von dem Dienstwohnungsinhaber für Wasser-, Gas- und Elektrizitätsbezüge, für Zentralheizung usw. zu entrichtenden Abgaben werden vom Finanzminister erlassen.

106. Die Gewährung von Unterkunft, Verpflegung, Bekleidung und ärztlicher Behandlung an die bewaffneten und uniformierten Beamten der der Verwaltung des Innern unterstehenden Schutzpolizei, deren Umfang und die Anrechnung ihres Wertes auf das Diensteinkommen wird durch den Staatshaushaltsplan geregelt (§ 10 Abs. 3 BDEG.).

II.

Kinderbeihilfen.

A. Allgemeines.

107. Kinderbeihilfen werden den Beamten für folgende Kinder gewährt:

für eheliche, für ehelich erklärte und an Kindes Statt angenommene Kinder,
für Stiefkinder, die in die Familiengemeinschaft aufgenommen sind,
für uneheliche Kinder.

108. (1) Die Kinderbeihilfen werden unabhängig vom Diensteinkommen gewährt. Beamte, die im Disziplinarverfahren oder aus Anlaß eines Strafverfahrens vorläufig vom Dienste enthoben sind, sowie Beamte, deren Diensteinkommen auf Grund eines Disziplinarurteils zu kürzen ist, erhalten die Kinderbeihilfen in voller Höhe.

(2) Beamte, die im Staatsdienst nur ein Nebenamt bekleiden, erhalten keine Kinderbeihilfe.

B. Zu berücksichtigende Kinder.

109. (1) Die Kinderbeihilfe wird für ehelich geborene (§§ 1591 ff. BGB.), durch nachfolgende Ehe legitimierte (§§ 1719 ff. BGB.) oder für ehelich erklärte (§§ 1723 ff. BGB.) Kinder, sowie für an Kindes Statt angenommene Kinder (§§ 1741 ff. BGB.) gewährt.

(2) Für Enkel und Pflegekinder wird keine Kinderbeihilfe gewährt.

110. (1) Stiefkinder im Sinne der Ziffer 107 sind die ehelichen, für ehelich erklärten und an Kindes Statt angenommenen Kinder des anderen Ehegatten, die nicht zugleich eigene Kinder sind, sowie die unehelichen Kinder der Ehefrau, nicht aber die unehelichen Kinder des Ehemannes.

(2) Für Stiefkinder kann die Kinderbeihilfe nur gewährt werden, wenn sie in die Familiengemeinschaft des Beamten aufgenommen sind. Die Aufnahme in die Hausgemeinschaft des Beamten ist nicht unter allen Umständen erforderlich.

111. (1) Für uneheliche Kinder (vgl. §§ 1705 ff. BGB.) wird die Kinderbeihilfe nur auf Antrag und nur insoweit gewährt, als der Beamte ihren Unterhalt bestreitet. Voraussetzung ist ferner, daß der Unterhalt von dem Beamten als Erzeuger gewährt wird, nachdem seine Vaterschaft festgestellt ist (§§ 1717, 1718 BGB.) oder daß der Unterhalt von der Beamtin als Mutter gewährt wird.

(2) Antragsberechtigt ist nicht nur der Beamte (die Beamtin) selbst, sondern auch der Vormund des Kindes. Der Antrag ist bei der Behörde einzureichen, bei der die Kinderbeihilfe zur Zahlung angewiesen wird.

(3) Von jeder Festsetzung einer Kinderbeihilfe für uneheliche Kinder ist das zuständige Vormundschaftsgericht durch die festsetzende Behörde zu benachrichtigen. An wen die Beihilfe auszuzahlen ist, bestimmt das Vormundschaftsgericht.

112. (1) Für ein und dasselbe Kind darf die Beihilfe nur einmal gewährt werden.

(2) Verheirateten weiblichen Beamten wird die Kinderbeihilfe für gemeinsame Kinder nur gewährt, wenn der Ehemann bei Berücksichtigung seiner sonstigen Verpflichtungen außerstande ist, ohne Gefährdung des standesmäßigen Unterhalts der Familie diese zu erhalten.

C. Höhe der Kinderbeihilfen.

113. Für jedes beihilfefähige Kind werden bis zum vollendeten 6. Lebensjahre monatlich 40 *M*, bis zum vollendeten 14. Lebensjahre monatlich 50 *M* und bis zum vollendeten 21. Lebensjahre monatlich 60 *M* gezahlt. Zu diesen Beträgen tritt der jeweils geltende Ausgleichszuschlag einschließlich etwaiger Notzuschläge hinzu.

114. Für die Dauer der Geltung des Gesetzes, betreffend die Gewährung von Notzuschlägen zu den gesetzlichen Kinderbeihilfen und zu den Ortszuschlägen der nichtplanmäßigen Beamten und Volksschullehrpersonen vom 18. Dezember 1920 (GS. 1921 S. 218) wird neben dem Ausgleichszuschlag von 50 v. H. als weiterer Ausgleichszuschlag ein Notzuschlag gewährt, der in den Orten

der Ortsklasse A . . . . 100 v. H.
" " B . . . . 75 " "
" " C . . . . 50 " "
" " D und E . . . . 25 " "

der Kinderbeihilfe beträgt. Die sich hiernach ergebenden Gesamtbeträge der Kinderbeihilfen einschließlich der Notzuschläge sind aus der folgenden Tafel ersichtlich.

Monatsbeitrag der Kinderbeihilfe samt Ausgleichszuschlag (Notzuschlag)					
für Kinder im Alter	in den Orten der Ortsklasse				
	A M.	B M.	C M.	D M.	E M.
bis zu 6 Jahren	100,00	90,00	80,00	70,00	70,00
von mehr als 6 bis zu 14 Jahren	125,00	112,50	100,00	87,50	87,50
von mehr als 14 bis zu 21 Jahren	150,00	135,00	120,00	105,00	105,00

115. ($_1$) Hat ein Kind von mehr als 14 Jahren eigenes Einkommen von mehr als 1 500 M., so wird die Kinderbeihilfe einschließlich Ausgleichs- und Notzuschlag um den nach Abzug von 1 500 M. für das Jahr verbleibenden Betrag des Einkommens gekürzt.

($_2$) Einkommen aus Kindesvermögen, das dem Vater oder der Mutter kraft der elterlichen Nutznießung zufällt, ist als Einkommen des Kindes anzusehen. Die Zusammenrechnung von Kindeseinkommen mit dem Einkommen anderer Steuerpflichtiger bei der Steuerveranlagung ist auf seine Berücksichtigung ohne Einfluß.

($_3$) Wenn der Nießbrauch am Vermögen des Kindes nicht auf Grund gesetzlicher Vorschrift (§§ 1649, 1685, 1686 BGB.) von dem Beamten als Inhaber der elterlichen Gewalt, sondern kraft eigenen Rechts ausgeübt wird, z. B. weil dem Beamten der lebenslängliche Nießbrauch testamentarisch vermacht ist, dann ist das Einkommen daraus nicht als Einkommen des Kindes anzusehen.

($_4$) Maßgebend ist das eigene Einkommen des Kindes nach dem jeweiligen Stande, nicht etwa für die ganze Dauer eines Rechnungsjahres nach dem Stande der Steuerveranlagung (siehe das Beispiel zu Ziffer 118).

($_5$) Nach Ziffer 183 der Reichsbesoldungsvorschriften (RGBl. 1921 S. 257) haben auf amtliches Ersuchen der Kassenbehörden der Länder die Steuerbehörden Auskunft über die Höhe des eigenen Einkommens eines Kindes zu erteilen.

($_6$) Zum Einkommen aus Arbeit (§ 9 des Reichseinkommensteuergesetzes) gehört auch die freie Station der Kinder, die z. B. bei einem Lehrherrn, im Haushalt von Anverwandten, in der Landwirtschaft, im Geschäft oder in einem Gewerbe tätig sind. Wie hoch diese zu bewerten ist, ergibt sich aus den Bekanntmachungen der Finanzämter.

116. ($_1$) Ist nur der Vater oder nur die Mutter eines unehelichen Kindes Beamter und sind seine tatsächlichen Aufwendungen für das Kind niedriger als die volle Kinderbeihilfe einschließlich des Ausgleichs-

und Notzuschlags, so erhält er nur eine Kinderbeihilfe in Höhe seiner tatsächlichen Aufwendungen. Unterhält der Beamte das Kind allein und in seinem eigenen Haushalt, so erhält er in jedem Falle die volle Kinderbeihilfe einschließlich des Ausgleichs- und Notzuschlags.

($_2$) Sind beide Eltern eines unehelichen Kindes Beamte, so erhält jedes die Kinderbeihilfe nach Abs. 1 Satz 1. Wird dadurch die volle Kinderbeihilfe einschließlich des Ausgleichs- und Notzuschlags überschritten, so wird die volle Beihilfe unter die Eltern im Verhältnis ihrer tatsächlichen Aufwendungen verteilt.

117. Sind auf die Kinderbeihilfe samt Ausgleichs- und Notzuschlag eigene Einnahmen des Kindes anzurechnen, so sind sie zunächst beim Ausgleichs- einschließlich Notzuschlag und, soweit dieser nicht ausreicht, bei der Kinderbeihilfe zu verrechnen (siehe das Beispiel zu Ziffer 118).

118. ($_1$) Vollendet ein Kind, für das Kinderbeihilfe bezogen wird, das 14. Lebensjahr, so ist die Zahlung der Beihilfe einzustellen, wenn nicht der zum Bezuge berechtigte Beamte — bei unehelichen Kindern, wenn der Antrag vom Vormund gestellt ist, auch der Vormund — schriftlich der zur Anweisung zuständigen Behörde die für den Weiterbezug der Beihilfe und für deren Höhe nach Ziffer 114 und 115 maßgebenden Verhältnisse darlegt und diese Angaben auf Verlangen glaubhaft macht.

($_2$) Im März jedes Jahres hat der Beamte, bei unehelichen Kindern gegebenenfalls der Vormund, anzuzeigen, ob die für den Bezug und die Höhe der angewiesenen Kinderbeihilfen maßgebenden Verhältnisse unverändert fortbestehen und welches Einkommen ein über 14 Jahre altes Kind in den einzelnen Monaten des Rechnungsjahres gehabt hat, soweit er dies nicht früher mitgeteilt hat; dabei sind die einzelnen Veränderungen unter genauer Angabe der Daten und der Höhe der Veränderung anzugeben. Er hat auch im Laufe des Jahres jede Tatsache, die eine Herabsetzung oder den Wegfall der Beihilfe nach sich zieht, unverzüglich anzuzeigen. Unbeschadet der hieraus sich für den Beamten ergebenden Verpflichtung soll er bei der erstmaligen Anweisung einer Kinderbeihilfe hierauf ausdrücklich hingewiesen werden.

Beispiel:

Das 19jährige Kind eines Beamten in Ortsklasse A hat von seinen Großeltern 5zinsige Kriegsanleihe im Nennwerte von 12 000 ℳ geerbt. Die Zinsen sind am 1. 4. und 1. 10. j. Js. fällig. Das Kind hat aus Arbeitseinkommen im Jahre 1921 bezogen: vom 14. 6. bis zum 12. 7. 1921 — nach Abzug der Werbungskosten — werktäglich = 12 ℳ, vom 1. bis 31. August monatlich 300 ℳ, vom 1. 11. bis zum 15. 12. 21 monatlich 350 ℳ. Vom 1. 1. 22 ab ist das Kind als Apothekerlehrling eingetreten und erhält von seinem Prinzipal freie Station, die nach der Bekanntmachung des Finanzamts mit 2 700 ℳ jährlich zu bewerten ist. Die Kinderbeihilfe samt Ausgleichszuschlag und Notzuschlag ist für das Rechnungsjahr 1921 wie folgt zu regeln:

1	2	3	4	5	6	7	8	9
Monat	Einnahme des Kindes			Als Einnahme in den einzelnen Monaten sind zu rechnen	Auf die Kinderbeihilfe samt Ausgleichszuschlag und Notzuschlag	Es sind an Kinderbeihilfe samt Ausgleichszuschlag und Notzuschlag	Von dem Betrage in Spalte 7 sind zu verrechnen	
	an Zinsen	aus Arbeit	zusammen		sind anzurechnen	zu zahlen	als Kinderbeihilfe	als Ausgleichs- und Notzuschlag
	M.	M.	M.	M.	M.	M.	M.	M.
April	270	.	270	45	—	150	60	90
Mai	.	.	.	45	.	150	60	90
Juni	.	168	168	213	—	150	60	90
Juli	.	144	144	189	—	150	60	90
August . . .	.	300	300	345	150	—	—	—
September . .	.	—	—	45	—	150	60	90
Oktober . . .	270	—	270	45	—	150	60	90
November . .	.	350	350	395	150	—	—	—
Dezember . .	.	175	175	220	95	55	55	—
Januar . . .	.	225	225	270	145	5	5	—
Februar . . .	.	225	225	270	145	5	5	—
März . . .	.	225	225	270	145	5	5	—
Zusammen	540	1 812	2 352	2 352	830	970	430	540

119. (1) Das Recht auf den Bezug der Kinderbeihilfe ruht, und zwar auch für Kinder unter 14 Jahren, soweit aus Mitteln des Reichs, des Staates, der Länder, anderer öffentlicher Verbände oder anderer Arbeitgeber eine entsprechende Beihilfe gezahlt wird. Als solche gelten:

a) Waisengeld, das für ein Kind, für das einem Beamten eine Kinderbeihilfe zusteht, auf Grund eines Versorgungsgesetzes des Reichs, des Staates oder eines der Länder gezahlt wird (z. B. wenn ein Beamter eine Kriegerwitwe mit Kindern geheiratet hat; das auf Grund der Versorgungsgesetze für die Kinder gezahlte Waisengeld),

b) die laufende Unterstützung, die einem als Volontär, Zivilsupernumerar, Justizanwärter, Lehrling usw. beschäftigten Kinde während der Dauer seiner Ausbildung gewährt wird,

c) der Beitrag für den Unterhalt eines Kindes aus einer früheren durch Scheidung gelösten Ehe, den der für schuldig erklärte Ehegatte zu leisten hat,

d) die Unterhaltsrente, die für ein uneheliches Kind der Ehefrau gezahlt wird,

e) die Zinsen aus einer aus demselben Anlaß wie zu c und d gewährten Kapitalabfindung; soweit die Kapitalabfindung inzwischen verbraucht sein sollte, die gesetzlichen Zinsen von dem verbrauchten Betrage.

(2) Bei Beamten, die gleichzeitig auch eine Stelle im Dienste des Reichs oder eines der Länder bekleiden, wird die Kinderbeihilfe in dem-

selben Verhältnis gekürzt wie der Ortszuschlag. Eine Stelle im Dienste einer öffentlichen Körperschaft wird einer Stelle im Reichs- oder Staatsdienste gleichgeachtet.

D. Beginn, Änderung und Wegfall der Kinderbeihilfe.

120. Die Kinderbeihilfe wird im Voraus gezahlt, und zwar vom Beginn des Kalendermonats an, in dem die für die Gewährung maßgebenden Voraussetzungen eintreten.

Beispiele:

Geburt des Kindes, Ehelichkeitserklärung, Annahme an Kindes Statt, Antrag des Vormundes, Wegfall des eigenen Einkommens des Kindes, Tod des Ehemanns einer Beamtin.

121. (1) Die Erhöhung der Kinderbeihilfe wird vom Ersten des laufenden Kalendermonats an wirksam.

Beispiele:

Vollendung des 6. oder 14. Lebensjahrs, Verminderung des eigenen Einkommens des Kindes.

(2) Herabsetzungen der Kinderbeihilfe werden vom Ersten des Monats an wirksam, der auf das maßgebende Ereignis folgt. Hat sich das Ereignis am ersten Tage eines Monats zugetragen, so wird die Herabsetzung von diesem Tage an wirksam.

(3) Die Herabsetzung oder Erhöhung des Notzuschlags tritt mit dem Beginne des auf die Dienstortsveränderung folgenden Monats und, wenn sich die Veränderung am 1. eines Monats vollzieht, von diesem Tage an ein.

Beispiel:

Ein Beamter in einem Orte der Ortsklasse A mit 3 Kindern im Alter von 4, 7 und 15 Jahren wird zum 1. August 1921 nach einem Orte der Ortsklasse C versetzt. Er hat für Juli, August, September 100 + 125 + 150 = 375 ℳ · 3 = 1 125 ℳ Kinderbeihilfe samt Ausgleichs- und Notzuschlag bezogen. In Ortsklasse C stehen ihm vom 1. August 1921 an zu: 80 + 100 + 120 ℳ = 300 ℳ monatlich. Er hat also 2 · 75 = 150 ℳ für die Monate August und September zuviel erhalten, die auf die Kinderbeihilfe für Oktober/Dezember anzurechnen sind.

Beispiele:

Erhöhung des eigenen Einkommens, Verminderung des tatsächlichen Aufwandes für ein uneheliches Kind.

122. (1) Die Kinderbeihilfe fällt weg mit dem Ablauf des Kalendervierteljahrs, in dem die sonstigen Voraussetzungen für ihre Gewährung wegfallen.

Beispiele:

Vollendung des 14. oder 21. Lebensjahrs, Tod des Kindes, Verheiratung der Beamtin als Mutter des Kindes.

(2) Bezieht ein über 14 Jahre altes Kind vom ersten Tage eines Kalendervierteljahrs an ein eigenes Einkommen von der Höhe, daß die Kinderbeihilfe wegzufallen hat, so fällt diese bereits mit dem Ende des diesem Tage vorhergehenden Kalendervierteljahrs fort. Ist ein Kind

am ersten Tage eines Kalendervierteljahrs geboren, so tritt der an die Erreichung des 14. oder 21. Lebensjahrs geknüpfte Wegfall der Beihilfe (Ziffer 121 Abs. 2) oder ihre Verminderung infolge Einkommensbezugs bereits mit dem Geburtstage ein (§ 187 Abs. 2 Satz 2 BGB.).

III.
Ausgleichszuschlag.

123. ($_1$) Zur Anpassung an die Veränderungen in der allgemeinen Wirtschaftslage wird zum Grundgehalt, zum Ortszuschlag und zu den Kinderbeihilfen ein veränderlicher nichtruhegehaltsfähiger Ausgleichszuschlag **gewährt**.

($_2$) Zu anderen Zulagen, Sondervergütungen oder Nebenbezügen tritt der Ausgleichszuschlag nicht.

($_3$) Der Ausgleichszuschlag tritt hiernach zu dem Grundgehalt, dem Ortszuschlag und den Kinderbeihilfen, wie sie tatsächlich bezogen werden.

Beispiele:

Weiblichen Beamten, die nach Ziffer 87 den Ortszuschlag nur zur Hälfte erhalten, steht der ganze Ausgleichszuschlag aus dem halben Ortszuschlage zu. Beamte, die nach Ziffer 88 und 119 Abs. 2 Ortszuschlag und Kinderbeihilfen nur zu einem Bruchteil aus Staatsmitteln erhalten, beziehen aus Staatsmitteln den ganzen Ausgleichszuschlag aus diesem Bruchteil. Beamte, deren Diensteinkommen auf Grund eines Disziplinarurteils gekürzt oder wegen vorläufiger Dienstenthebung zum Teil einbehalten ist, erhalten den ganzen Ausgleichszuschlag aus den gekürzten Bezügen.

124. ($_1$) Die Art und Höhe des Ausgleichszuschlagssatzes wird durch den Staatshaushaltsplan bestimmt.

($_2$) Wird der Ausgleichszuschlagsatz in Anlehnung an die Ortsklasseneinteilung gestaffelt, so tritt die Veränderung im Ausgleichszuschlagsatz mit dem Tage ein, von dem an das Grundgehalt (Grundvergütung) der neuen Dienststelle gewährt wird (vgl. auch Ziffer 121 Abs. 3).

Zweiter Abschnitt:

Nichtplanmäßige Beamte.

125. Die nichtplanmäßigen Beamten erhalten:

I. Grundvergütung und Ortszuschlag (§§ 11 bis 15 BDEG.) sowie in besonderen Fällen:
Sondervergütungen, Nebenbezüge und sonstige Vergünstigungen (§ 16 BDEG.).

II. Kinderbeihilfen (§ 17 BDEG.).

III. Den Ausgleichszuschlag des § 18 BDEG.

I.
1. Grundvergütung.

A. Allgemeines.

126. ($_1$) Die Grundvergütung der im Staatsdienst als Stellenanwärter vollbeschäftigten nichtplanmäßigen unmittelbaren Staatsbeamten sowie der in § 11 Abs. 1 BDEG. aufgeführten Hilfskräfte an den wissenschaftlichen Hochschulen, Anstalten und Instituten bemißt sich nach der Nachweisung der Dienstbezüge der nichtplanmäßigen Beamten (Anlage 3 des BDEG.).

(2) Hiernach werden diese Dienstbezüge nach einem bestimmten Hundertsatz des Anfangsgrundgehalts derjenigen Besoldungsgruppe berechnet, in der der nichtplanmäßige Beamte beim regelmäßigen Verlauf seiner Dienstlaufbahn zuerst planmäßig angestellt wird, und wenn dies eine Beförderungsstelle ist, nach der Eingangsgruppe.

(3) Militäranwärter sind Stellenanwärter im Sinne des BDEG. und dieser BV. nur, wenn sie nach Ziffer 140 und 141 endgültig in den Zivilstaatsdienst übernommen sind. Ihre Eigenschaft als Stellenanwärter im Sinne der Anstellungsgrundsätze ist für die Bemessung ihrer Bezüge ohne Bedeutung.

(4) Die Bezüge der nichtplanmäßigen Beamten, die nicht zu den Stellenanwärtern zählen, werden von dem Fachminister geregelt, sie dürfen aber die Höchstsätze der Dienstbezüge der entsprechenden nichtplanmäßigen Beamten (Anl. 3 des BDEG.) nicht übersteigen. Diese Bestimmung bezieht sich nicht auf Beamte im Vorbereitungsdienst.

127. (1) Ist ein Zivilanwärter bis zur Vollendung des 5. Anwärterdienstjahrs, ein Militäranwärter bis zur Vollendung des 4. Anwärterdienstjahres noch nicht planmäßig angestellt, so erhält bei voller Beschäftigung der Zivilanwärter vom Beginne des 6., der Militäranwärter vom Beginne des 5. Anwärterdienstjahrs an nach Dienstaltersstufen mit zweijähriger Aufrückungsfrist steigend eine Grundvergütung in der Höhe der Grundgehaltssätze derjenigen Besoldungsgruppe, in der er beim regelmäßigen Verlauf seiner Dienstlaufbahn zuerst planmäßig angestellt wird.

(2) Beispielsweise beträgt vom 1. Oktober 1920 an das Diensteinkommen eines nichtplanmäßigen Beamten aus dem Militäranwärterstande in Ortsklasse C a Grundvergütung, b Ortszuschlag (vgl. Ziff. 167 Abs. 2), c zusammen jährlich:

		Im 1. Jahre M.	Im 2. Jahre M.	Im 3. Jahre M.	Im 4. Jahre M.	Im 5. Jahre M.	Im 6. Jahre M.	Im 7. Jahre M.	Im 8. Jahre M.	Im 9. Jahre M.	Im 10. Jahre M.
Gruppe 5	a	4320	4590	4860	5130	5400	5400	5800	5800	6200	6200
	b	1700	1700	1700	1700	1700	1700	2000	2000	2000	2000
	c	6020	6290	6560	6830	7100	7100	7800	7800	8200	8200
Gruppe 6	a	4640	4930	5220	5510	5800	5800	6300	6300	6800	6800
	b	2000	2000	2000	2000	2000	2000	2000	2000	2000	2000
	c	6640	6930	7220	7510	7800	7800	8300	8300	8800	8800
Gruppe 7	a	4960	5270	5580	5890	6200	6200	6700	6700	7200	7200
	b	2000	2000	2000	2000	2000	2000	2000	2000	2300	2300
	c	6960	7270	7580	7890	8200	8200	8700	8700	9500	9500

(3) Die wissenschaftlichen Assistenten mit planmäßiger Vergütung an den wissenschaftlichen Hochschulen und die ihnen nach § 11 Abs. 1

BDEG. gleichgestellten Hilfskräfte der wissenschaftlichen Hochschulen, Anstalten und Institute erhalten die Grundvergütung der Stellenanwärter nach Gruppe 10 und von Vollendung des 5. Dienstjahrs an eine Grundvergütung, die in ihrer Höhe den Grundgehaltssätzen der planmäßigen Beamten in Gruppe 10 entspricht.

128. Anwärter erhalten die in Ziffer 126 vorgesehenen Bezüge auch dann, wenn sie in Stellen einer anderen Besoldungsgruppe verwendet werden. Sie erhalten die Bezüge nur einmal, auch wenn sie gleichzeitig mehrere Stellen versehen.

129. Weibliche Beamte in Stellen, die in der Besoldungsordnung mit einem † bezeichnet sind, erhalten die Grundvergütung um 10 v. H. gekürzt.

130. (1) Planmäßige Beamte, die in einer anderen Dienststelle nichtplanmäßig beschäftigt werden, gelten nicht als nichtplanmäßige Beamte. Sie erhalten neben den Bezügen ihrer planmäßigen Stelle die ihnen etwa gesetz- und verordnungsmäßig zustehenden Tagegelder oder sonstigen Bezüge.

(2) Nicht vollbesoldete Kreisärzte und nicht vollbesoldete Kreistierärzte erhalten bei nichtplanmäßiger Beschäftigung in einer vollbesoldeten Dienststelle (z. B. als Regierungs- und Medizinalrat, Regierungs- und Veterinärrat usw.) die Bezüge der vollbesoldeten Kreisärzte oder Kreistierärzte unter Berücksichtigung der Vorschriften in Ziffer 79 und daneben die ihnen etwa gesetzlich oder vertragsmäßig zustehenden Tagegelder oder sonstigen Bezüge.

(3) Nichtplanmäßige Beamte, die in einer anderen Dienststelle verwendet werden, erhalten, wenn und solange sie nicht in eine Stelle der sie verwendenden Behörde versetzt werden, die Bezüge ihrer bisherigen nichtplanmäßigen Stelle und daneben die ihnen etwa gesetz- und verordnungsmäßig zustehenden Tagegelder oder sonstigen Bezüge. Werden sie anderswo als bei der sie verwendenden Behörde planmäßig angestellt, so gilt von da an Abs. 1.

(4) Abs. 1 und 3 gelten sinngemäß für planmäßige und nichtplanmäßige Beamte des Reichs oder der Länder, die in einer Stelle des Staatsdienstes nichtplanmäßig verwendet werden. Für planmäßige Beamte oder Anwärter der öffentlichen Körperschaften gilt Abs. 1 und 3 nur dann, wenn ihre bisherigen Bezüge denen gleichwertiger oder gleichartiger Staatsbeamten entsprechen.

B. Dienstaltersstufen.

131. (1) Die Grundvergütung steigt bei nichtplanmäßigen Beamten gemäß Anlage 3 des BDEG. bis zum Erreichen des Anfangsgrundgehalts der planmäßigen Beamten und von da an von zwei zu zwei Jahren gemäß Ziffer 6.

(2) Die höheren Grundvergütungssätze werden jeweilig vom Ersten des Kalendermonats an gezahlt, in den der Eintritt in die neue Dienstaltersstufe fällt (§ 12 Abs. 1 BDEG.).

132. Die nichtplanmäßigen Beamten haben auf die Dienstalterszulagen keinen Rechtsanspruch.

133. (1) Eine Dienstalterszulage kann versagt werden, wenn gegen das dienstliche oder außerdienstliche Verhalten des Beamten eine erhebliche Ausstellung vorliegt (§ 12 Abs. 2 BDEG.).

(2) Vor der Versagung ist dem Beamten Gelegenheit zu geben, sich zu den Gründen der beabsichtigten Maßregel zu äußern. Wird das Aufrücken versagt, so sind dem Beamten die Gründe hierfür schriftlich zu eröffnen (§ 12 Abs. 3 BDEG.).

(3) Gegen die Versagung, sofern sie nicht von der obersten Verwaltungsbehörde verfügt ist, steht dem Beamten die Beschwerde an diese zu (§ 12 Abs. 4 BDEG.).

(4) Wird der Beschwerde stattgegeben, so ist die Dienstalterszulage rückwirkend zu gewähren.

(5) Die Versagung einer Dienstalterszulage wird wirksam, sobald dem Beamten die entsprechende schriftliche Verfügung zugeht.

134. (1) Sind die Ausstellungen, auf Grund deren eine Dienstalterszulage versagt worden ist, wieder behoben, so ist die Dienstalterszulage wieder zu bewilligen, und zwar vom ersten Tage des Kalendermonats an, in dem die Bewilligungsverfügung ergeht.

(2) Aus besonderen Gründen kann die versagte Dienstalterszulage von einem früheren Zeitpunkt an gewährt werden. Eine Anweisung für rückliegende Rechnungsjahre bedarf der Genehmigung der obersten Verwaltungsbehörde.

135. Die Versagung einer Dienstalterszulage wirkt ohne weiteres nur für e i n Jahr. Nach Vollendung des nächsten Anwärterdienstjahrs erhält der Beamte wieder den seinem vollen Anwärterdienstalter entsprechenden Grundvergütungssatz, wenn nicht neuerdings die Versagung verfügt wird.

136. (1) Die Ziffern 8 und 9 gelten für die nichtplanmäßigen Beamten sinngemäß.

(2) Eine fällig gewordene Dienstalterszulage wird aber nicht berücksichtigt, wenn die Voraussetzungen für die Versagung der Dienstalterszulage am Fälligkeitstage gegeben waren. Das Recht der Beschwerde nach Ziffer 133 Abs. 3 steht in diesem Falle nach dem Ableben des Beamten demjenigen zu, der zum Empfange der Nachzahlung oder der erhöhten Hinterbliebenenbezüge berechtigt wäre.

C. Anwärterdienstalter (AnwDA.) und Anwärterdienstzeit (AnwDZ.).

I. Allgemeines.

137. (1) Der Tag, auf den das AnwDA. eines nichtplanmäßigen Beamten festgesetzt wird, bezeichnet den Zeitpunkt, welcher der Berechnung der dem Beamten in seiner Anwärtergruppe zukommender Dienstaltersstufe zugrunde gelegt wird. Von diesem Zeitpunkte an sind die Zeitabschnitte für das Verbleiben in den Dienstaltersstufen zu rechnen.

(2) Der Tag, auf den der Beginn der AnwDZ. eines nichtplanmäßigen Beamten festgesetzt wird, bezeichnet den Zeitpunkt, von dem an die im § 13 Abs. 2 Satz 1 BDEG. bezeichnete Frist für die planmäßige Anstellung rechnet.

(3) Hat nach Inkrafttreten des § 13 Abs. 2 Satz 1 BDEG. ein Anwärter die dort bezeichnete Anwärterdienstzeit noch nicht zurückgelegt, wohl aber bereits ein AnwDA. von mehr als 5 (4) Jahren erreicht, so gilt für ihn auch weiterhin die Bestimmung in Ziffer 127 und 20.

138. (1) Die Vorschriften des BDEG. und dieser BB. über die Berechnung des AnwDA. und der AnwDZ. gelten für alle Beamten, die mit Wirkung vom 1. April 1920 oder einem späteren Zeitpunkt Anwärter geworden oder ohne voraufgegangene Anwärterdienstzeit zur planmäßigen Anstellung gelangt sind (Ziffer 24).

(2) Auf die anderen am 1. April 1920 vorhandenen Anwärter finden diese Vorschriften hinsichtlich der nach dem 31. März 1920 zurückgelegten Dienstzeit in vollem Umfange, für die Vergangenheit dagegen nur dann Anwendung, wenn sich daraus insgesamt eine Verbesserung des AnwDA. oder der AnwDZ. ergibt. Auf planmäßige Beamte, die zugleich Anwärter auf eine andere planmäßige Stelle sind, finden die Bestimmungen erst nach dem Ausscheiden aus ihrer bisherigen Stelle Anwendung.

139. Ziffer 14 bis 19 gelten sinngemäß für die Festsetzung des AnwDA. und der AnwDZ.

II. Berechnung des AnwDA. und der AnwDZ.

a) Beginn.

140. (1) Das AnwDA. und die AnwDZ. beginnen mit dem Tage, mit dem der endgültig in den Staatsdienst übernommene Beamte nach erlangter Befähigung für das Amt die Anwartschaft erhalten hat, in eine entsprechende planmäßige Stelle einzurücken, soweit nicht in diesen BB. etwas Abweichendes bestimmt oder zugelassen ist.

(2) Wenn ein nichtplanmäßiger Beamter den Dienst bei einer Behörde mit dem Beginn eines Monats antreten sollte, ihn aber, weil der Erste des Monats ein Sonntag oder ein allgemeiner Feiertag war, erst am darauffolgenden Werktag angetreten hat, so ist der Beginn des AnwDA. und der AnwDZ. so festzusetzen, als wenn der Dienst am ersten Tage des Monats angetreten wäre.

141. (1) Für alle in regelmäßiger Laufbahn anzustellenden Beamten des nichttechnischen Sekretariats-, Kassen- und Rechnungsdienstes sowie des Registraturdienstes gilt als Zeitpunkt für den Beginn des AnwDA.:

a) bei den aus der Klasse der Zivilsupernumerare oder der Justizanwärter hervorgehenden Beamten der Ablauf dreier Jahre seit Beginn des Vorbereitungsdienstes, soweit nicht der Vorbereitungsdienst auf eigenen Wunsch des Beamten, wegen unzureichender Befähigung oder aus einem sonstigen in der Person des Beamten liegenden Grunde — ausgenommen Krankheit — über 3 Jahre hinaus verlängert wird;

b) bei den aus der Klasse der Militäranwärter hervorgehenden Beamten der Tag der endgültigen Übernahme in den Zivilstaatsdienst, frühestens jedoch 1 Jahr nach Beginn der Probedienstzeit.

(2) Die Vorschrift des Abs. 1 gilt sinngemäß für die den dort genannten Beamtengattungen gleichartigen Beamtengattungen mit der Maßgabe, daß an Stelle des Zeitraums von drei Jahren der in den Ausbildungsvorschriften etwa vorgesehene kürzere Vorbereitungsdienst, mindestens jedoch der Zeitraum von einem Jahre, tritt.

(3) Für Beamte, für die eine besondere Vorbereitung nicht vorgeschrieben ist, gilt als Beginn des AnwDA. und der AnwDZ. der Tag der endgültigen Übernahme in den Zivilstaatsdienst, auch soweit sie nicht Militäranwärter sind.

142. In den von Ziffer 141 nicht getroffenen Fällen bleiben die besonderen Vorschriften über die Berechnung des AnwDA. und der AnwDZ. der anzustellenden Beamten unberührt, soweit sie nicht durch diese BV. geregelt werden.

143. (1) Als Zeitpunkt für den Beginn des AnwDA. und der AnwDZ. der nach mindestens zweijährigem juristischen Vorbereitungsdienst unmittelbar zu den Anwärtern für eine Stelle der Gruppe 7 übertretenden Gerichtsreferendare gilt der Ablauf des zweiten Jahres nach Beginn des juristischen Vorbereitungsdienstes zuzüglich des vor der Übernahme in das Anwärterverhältnis abgeleisteten Probedienstes. Unterbrechungen des juristischen Vorbereitungsdienstes, die in den zweijährigen Zeitraum fallen und auf den Vorbereitungsdienst nicht angerechnet sind, bleiben außer Betracht.

(2) Als Zeitpunkt für den Beginn des AnwDA. und der AnwDZ. der nicht zu den planmäßigen Beamten zählenden Anwärter für die Amtsanwaltslaufbahn gilt die Ablegung der Amtsanwaltsprüfung oder der frühere Beginn der Dienstzeit als Amtsanwalt im Hauptamt.

144. Von der nach Ziffer 151 ff. angerechneten Zeit und, soweit eine solche nicht vorhanden ist, von dem AnwDA. und der AnwDZ. ist bei den Beamten der Besoldungsgruppen 1 bis 8, die nicht unter Ziffer 141 Abs. 1, 2 fallen, stets ein Jahr — bei Militäranwärten und Inhabern des Anstellungsscheins ein halbes Jahr (183 Tage) — als Vorbereitungszeit abzuziehen. Das gilt auch, wenn die angeordnete oder zugelassene Vorbereitungszeit mehr oder weniger als ein Jahr — bei Militäranwärtern und Inhabern des Anstellungsscheins mehr oder weniger als ein halbes Jahr — beträgt.

145. (1) Die vor dem vollendeten 20. Lebensjahre verbrachte Dienstzeit wird weder auf das AnwDA. noch als AnwDZ. angerechnet.

(2) Dies gilt nicht für die Beamten, die bis zum 1. April 1921 als nichtplanmäßige Beamte eingestellt worden sind, hinsichtlich der Zeit, während der sie Tagegelder (Vergütungen) bezogen haben.

146. Die Vorbereitungszeit der nichttechnischen Zivilanwärter ist grundsätzlich unentgeltlich abzuleisten, auch wenn vor derselben eine Beschäftigungszeit liegt, die auf die AnwDZ. angerechnet wird. Werden in besonderen Fällen während der Vorbereitungszeit Vergütungen oder widerrufliche Unterhaltszuschüsse gewährt, so werden, selbst wenn die Zuschüsse die Höhe der Mindestgrundvergütungen (Anl. 3 des BDEG.) erreichen, die Fristen für das Aufrücken in den Grundvergütungsstufen der Anwärter nicht in Lauf gesetzt.

b) Verlauf.

147. (1) Ist ein Beamter aus einer nichtplanmäßigen Stelle des Staatsdienstes freiwillig ausgeschieden, oder ist sein früheres Beamtenverhältnis durch Dienstentlassung gelöst worden, so darf im Falle seiner Wiedereinstellung als nichtplanmäßiger Beamter bei der Festsetzung des AnwDA. und der AnwDZ. auf die nichtplanmäßige Dienstzeit und auf die Höhe der Dienstbezüge in der früheren Stelle in der Regel keine Rücksicht genommen werden. Nichtplanmäßige Beamte, die ihre Stelle freiwillig aufgeben wollen, sollen hierauf ausdrücklich hingewiesen werden.

(2) Ziffer 57 Abs. 2 und 3 mit Ziffer 31 gilt sinngemäß.

148. (1) Beim Übertritt zu den Anwärtern für andere Stellen derselben Besoldungsgruppe in demselben oder einem anderen Zweige des Staatsdienstes bleibt das AnwDA. und die AnwDZ. grundsätzlich unverändert. Beide oder eines von beiden können jedoch entsprechend gekürzt werden, wenn der Anwärter sich sonst erheblich günstiger stehen würde als der Durchschnitt der gleichaltrigen Anwärter des neuen Dienstes (Ziffer 23 findet Anwendung).

(2) Beim Übertritt zu den Anwärtern einer niedrigeren Besoldungsgruppe findet Ziffer 40 sinngemäß Anwendung.

(3) Erwirbt der Anwärter die Anwartschaft für Stellen einer höheren Besoldungsgruppe in dem gleichen oder einem neuen Zweige des Staatsdienstes, so wird nach seiner Übernahme zu den Anwärtern der höheren Besoldungsgruppe das AnwDA. und die AnwDZ. nach Maßgabe des § 13 Abs. 3 in Verbindung mit § 3 Abs. 5 BDEG. festgesetzt.

(4) Bei nichtplanmäßigen Reichs- und Landesbeamten gilt hierbei Ziffer 58 und 59 sinngemäß.

149. (1) Solange der Anwärter die bisherige Anwartschaft beibehält, beibt sein AnwDA. und seine AnwDZ. unverändert, auch wenn er in einem anderen Zweige des Staatsdienstes, im Reichsdienst, im Dienste eines der Länder oder im Dienste einer sonstigen öffentlichen Körperschaft beschäftigt wird, jedoch kann eine Kürzung des AnwDA. oder der AnwDZ. oder beider bei der Beurlaubung vorbehalten und mit Zustimmung des Fachministers angeordnet werden.

(2) Inwieweit bei sonstigen Beurlaubungen zu einer Beschäftigung außerhalb des Staatsdienstes die Urlaubszeit auf das AnwDA. und die AnwDZ. oder eine von beiden anzurechnen ist, bestimmt der Fachminister.

c) Anrechnung von Militär- und Marinedienstzeit.

150. (1) Den Zivilanwärtern wird die in Erfüllung der gesetzlichen Dienstpflicht abgeleistete Militär- und Marinedienstzeit bis zur Dauer eines Jahres, allen Anwärtern wird die Zeit des Kriegsdienstes, eines dem Kriegsdienst nach Ziffer 70 und 71 gleichzuachtenden Dienstes sowie eines nach Ziffer 32c bis f anzurechnenden Dienstes unbeschränkt auf das AnwDA. und die AnwDZ. angerechnet, soweit sie nach dem tatsächlichen Beginn der Anwärterdienstzeit abgeleistet sind.

(2) Sind sie vorher abgeleistet, so erfolgt die Anrechnung insoweit, als durch die Dienstleistung der Beginn der AnwDZ. nachweislich verzögert worden ist; Ziffer 65 bis 69 gelten entsprechend.

d) Anrechnung einer der Übernahme ins Anwärterverhältnis unmittelbar voraufgegangenen Dienstzeit als Angestellter oder Hilfsbeamter.

151. Nach Maßgabe der folgenden Bestimmungen wird auf das AnwDA. und die AnwDZ. auch eine Beschäftigung gegen Lohn oder Schreibgebühren angerechnet, die im privatrechtlichen Vertragsverhältnis eines Dienstverpflichteten geleistet ist, sofern der Beamte mit Aussicht auf dauernde Verwendung ständig und hauptsächlich mit den Dienstverrichtungen eines Beamten betraut gewesen ist (vgl. Ziffer 154) und diese Beschäftigung im unmittelbaren Anschluß daran bei dem gleichen Dienstzweig zur Übernahme in das Beamtenverhältnis geführt hat. Dabei bleiben unberücksichtigt:

a) in den den Militäranwärtern ausschließlich oder zum Teil vorbehaltenen Stellen der Besoldungsgruppen 1 bis 6 die vor dem vollendeten 24. Lebensjahre zurückgelegte Dienstzeit,

b) in den übrigen nichttechnischen Dienstzweigen und denjenigen technischen Dienstzweigen, für die ein Supernumerariat vorgeschrieben ist, die vor dem vollendeten 20. Lebensjahre liegende Dienstzeit,

c) bei den in technischen Dienstzweigen beschäftigten Personen, soweit sie nicht bei b genannt sind, die vor Ablegung der für die Anstellung vorgeschriebenen Prüfung liegende Dienstzeit.

152. ($_1$) Inwieweit einem Anwärter eine Aussicht auf dauernde Verwendung eröffnet werden kann, regeln die einzelnen Fachminister im Einvernehmen mit dem Finanzminister. Wird einem Anwärter die Aussicht eröffnet, so ist dies aktenkundig zu machen.

($_2$) Die Vorschrift des Abs. 1 tritt erst mit Wirkung vom 1. April 1922 in Kraft. Unter welchen Voraussetzungen bei den bis dahin eingestellten Anwärtern angenommen werden kann, daß sie mit Aussicht auf dauernde Verwendung beschäftigt worden sind, bestimmt der Fachminister.

153. ($_1$) Außer Betracht bleibt — unbeschadet der Vorschriften in Ziffer 155 und 156 — die Zeit, in der die Übernahme in das Beamtenverhältnis auf eigenen Wunsch des Angestellten, wegen unzureichender Befähigung oder aus einem sonstigen in seiner Person liegendem Grunde — ausgenommen Krankheit — unterblieben ist.

($_2$) Bei denjenigen Angestellten, die ohne die vorgeschriebenen Vorbedingungen und ohne die vorgeschriebene Ausbildungszeit ausnahmsweise in das Beamtenverhältnis übernommen sind, bleibt ferner von der nach dem vollendeten 20. oder 24. Lebensjahr zurückgelegten Dienstzeit ein Zeitraum außer Betracht, der der vorgeschriebenen Ausbildungszeit des Beamten entspricht, in dessen Stelle er angestellt wird, oder, wenn für diesen in der einen Verwaltung eine Ausbildungszeit nicht vorgeschrieben ist, eines gleich zu bewertenden Beamten einer anderen Verwaltung, der eine Ausbildungszeit zurückzulegen hatte.

154. Daß der Anwärter ständig und hauptsächlich mit den Dienstverrichtungen eines Beamten betraut war, ist dann anzunehmen, wenn er vollbeschäftigt worden ist, und zwar überwiegend mit Arbeiten, die seiner Ausbildung für die spätere Diensttätigkeit förderlich gewesen sind.

155. ($_1$) Zu der Annahme, daß die Beschäftigung im unmittelbaren Anschluß bei dem gleichen Dienstzweig zur Übernahme in das — planmäßige oder nichtplanmäßige — Beamtenverhältnis geführt hat, ist es erforderlich, daß die Beschäftigung weder unmittelbar vor der Übernahme in das Beamtenverhältnis noch zu einer früheren Zeit erheblich unterbrochen worden ist.

($_2$) Die vor einer erheblichen Unterbrechung liegende Beschäftigungszeit gilt nicht als Zeit einer nichtplanmäßigen Beschäftigung. Ausnahmen sind nur mit Genehmigung des Fachministers im Einverständnis mit dem Finanzminister zulässig.

($_3$) Als erhebliche Unterbrechung ist hierbei nicht anzusehen:

a) die Zeit eines Militär- oder Marinedienstes, eines Kriegsdienstes (vgl. Ziffer 70 und 71) oder eines nach Ziffer 32c bis f anzurechnenden Dienstes,

b) die Zeit vor und nach Ableistung eines unter a genannten Dienstes, wenn sie je einen Monat nicht übersteigt,

c) die Zeit einer Krankheit und eine angemessene Erholungszeit nach einer Krankheit,

d) die Zeit eines mit Fortbezug der Entlohnung gewährten Urlaubs,

e) die Zeit eines Urlaubs ohne Entlohnung von nicht mehr als einem Monat,

f) die Zeit einer Unterbrechung ohne Urlaub von nicht mehr als einem Monat aus irgendeinem anderen billigerweise zu berücksichtigenden Grunde.

156. ($_1$) Von den Zeitabschnitten, die nach Ziffer 155 Abs. 3 nicht als erhebliche Unterbrechung der auf die AnwDZ. anzurechnenden Beschäftigung anzusehen sind, werden angerechnet:

die Zeiten unter a in entsprechender Anwendung der Ziffer 150 Abs. 1,

die Zeiten unter d auf das AnwDA. und die AnwDZ.,

die Zeit unter c, soweit sie 90 Tage nicht überschreitet, auf das AnwDA. und die AnwDZ., darüber hinaus nur auf das AnwDA.,

die Zeiten unter b, e und f weder auf das AnwDA. noch die AnwDZ.

($_2$) Zwischenzeiten von weniger als einer Woche, die zwischen anzurechnenden Zeitabschnitten liegen, werden mitangerechnet.

($_3$) Zeitabschnitte der in Abs. 1, 2 bezeichneten Art — ausgenommen eine nach Ziffer 150 Abs. 1 anzurechnende Dienstzeit — dürfen höchstens mit insgesamt 2 Jahren als AnwDZ. angerechnet werden. Diese Einschränkung bezieht sich nicht auf das AnwDA.

157. ($_1$) Auf das AnwDA. und die AnwDZ. wird die zur Erlangung einer Stelle der Besoldungsgruppe 6 oder 7 herkömmlich im Büro-, Kassen- oder Registraturdienst vor der Einberufung in den Staatsdienst bei einer Behörde der betreffenden Verwaltung oder bei sonstigen Dienststellen des Reichs-, Staats- oder Kommunaldienstes verbrachte Zeit angerechnet, insoweit sie nach Erfüllung der allgemeinen Zulassungsbedingungen für die Laufbahn zurückgelegt und der Ausbildung des Anwärters für die spätere Diensttätigkeit förderlich gewesen ist. Daß die Tätigkeit eine entgeltliche war, ist nicht Voraussetzung für die Anrechnung. Die Altersgrenze Ziffer 151 Satz 2 findet Anwendung.

(2) Abs. 1 gilt auch für die beim Inkrafttreten des BDEG. vorhanden gewesenen Beamten.

158. Die vorstehenden Bestimmungen finden entsprechende Anwendung, wenn der Beamte nicht im vertraglichen Dienstverhältnis, sondern als Hilfsbeamter ohne Anwärtereigenschaft angenommen war.

e) Berücksichtigung von Ausbildungszeit auf einer wissenschaftlichen Hochschule.

159. (1) Den Anwärtern für eine Stelle der Besoldungsgruppen 9 und 10 wird die in den Ausbildungs- und Prüfungsvorschriften vorgesehene Zeit

a) der praktischen Beschäftigung, soweit sie nicht in den Hochschulferien abgeleistet ist,
b) des Hochschulstudiums,
c) der nachfolgenden Vorbereitungszeit,
d) der notwendigen Prüfungszeit,

soweit die Gesamtsumme der unter a bis d genannten Zeiten 4 Jahre übersteigt auf das AnwDA., nicht auch auf die AnwDZ. angerechnet.

(2) Ob und welche Zeit hiernach als Prüfungszeit bei den einzelnen Verwaltungen anzurechnen ist, bestimmt der Fachminister im Einvernehmen mit dem Finanzminister.

(3) Nicht anrechnungsfähig ist

a) die Zeit, die der Beamte länger als vorgeschrieben auf der Hochschule zugebracht hat,
b) die Zeit, die der Beamte dadurch verloren hat, daß er die eine oder die andere Prüfung beim ersten Versuch nicht bestanden hat.

(4) Bestehen für Laufbahnen, die eine abgeschlossene Hochschulbildung voraussetzen, keine bestimmten Vorschriften für die auf das Hochschulstudium folgende Vorbereitungszeit, so wird hierfür höchstens die Zeit angerechnet, die nach einer Vereinbarung zwischen dem Fach- und dem Finanzminister als herkömmlich festgesetzt worden ist.

(5) Diese Bestimmungen gelten auch für die am 31. März 1920 bereits planmäßig angestellten Beamten.

(6) Die im Abs. 1 genannten Personen können erst dann die Grundvergütungssätze der Gruppe 10 erhalten, wenn sie als Beamte im Staatsdienst voll beschäftigt sind, die etwa vorgeschriebene zweite (letzte) Staatsprüfung mit Erfolg abgelegt und den — vor oder nach der zweiten (letzten) Staatsprüfung — vorgeschriebenen Vorbereitungsdienst zurückgelegt haben.

f) Anrechnung sonstiger Beschäftigungszeiten.

160. (1) Ob und inwieweit sonst zum Ausgleich von Härten die Dienstzeit in einem anderen Zweige des Staatsdienstes, im Reichsdienst oder im Dienste eines der Länder eine außerhalb des Staatsbeamtenverhältnisses zurückgelegte Dienstzeit oder die Zeit einer praktischen Beschäftigung auf das AnwDA. oder die AnwDZ. oder auf beide angerechnet werden kann, bestimmt der Fachminister im Einvernehmen mit dem Finanzminister.

(2) Die Anrechnung soll nicht erfolgen, soweit sich der Beamte dadurch günstiger stehen würde als der Durchschnitt der gleichaltrigen Anwärter, die die regelmäßige Dienstlaufbahn zurückgelegt haben. Ziffer 23 Abs. 2 gilt entsprechend.

161. Wird ein nichtplanmäßiger Beamter des Reichs oder eines der Länder sogleich in eine planmäßige Stelle des Staatsdienstes übernommen, so darf er nicht schlechter gestellt werden, als wenn er zunächst in eine nichtplanmäßige Stelle des Staatsdienstes übernommen worden wäre.

Beispiel:

Ein nichtplanmäßiger Beamter des Reichs (nicht Militäranwärter) wird in eine planmäßige Stelle des Staatsdienstes übernommen; wäre er statt dessen in eine nichtplanmäßige Stelle desselben Dienstzweiges übernommen worden, so hätte er ein AnwDA. von sechs Jahren erhalten. In diesem Falle ist dem Beamten ein Jahr auf das Besoldungsdienstalter anzurechnen.

g) Kürzung des AnwDA. und der AnwDZ.

162. Verzögert sich die planmäßige Anstellung des Anwärters auf seinen eigenen Wunsch, wegen unzureichender Befähigung oder aus einem sonstigen in seiner Person liegenden Grunde — ausgenommen Krankheit —, so ist das AnwDA. und die AnwDZ. um den Zeitraum der Verzögerung zu kürzen; er rückt also zunächst in seiner Grundvergütung nicht auf (vgl. Ziffer 21 Abs. 2—4).

D. Besondere Fälle.

Wissenschaftliche Assistenten an den wissenschaftlichen Hochschulen.

163. (1) Das Vergütungsdienstalter beginnt mit dem Tage der endgültigen Übertragung der Stelle, soweit im folgenden nicht etwas anderes bestimmt oder zugelassen ist. Grundsätzlich kann auf das Vergütungsdienstalter nur eine Dienstzeit angerechnet werden, die abgeleistet ist nach einem auf einer wissenschaftlichen Hochschule zurückgelegten Studium von mindestens sechs Semestern und nach Erlangung der Doktorwürde oder, sofern diese bestimmungsgemäß nicht verlangt wird, nach Bestehen der maßgebenden Staats- oder Hochschulprüfung. Ausnahmen bedürfen der Genehmigung des Fachministers.

(2) Auf das Vergütungsdienstalter kann die nach Erfüllung der Bedingungen zu Abs. 1 Satz 2 ausgeübte Tätigkeit als Volontärassistent (ohne Vergütung) oder außerplanmäßiger Assistenz (mit Vergütung) an einer reichsdeutschen wissenschaftlichen Hochschule, soweit sie 2 Jahre übersteigt, mit dem darüber hinausgehenden Beschäftigungszeitraum bis zur Höchstdauer von 7 Jahren angerechnet werden.

(3) Die nach Erfüllung der Bedingungen zu Abs. 1 Satz 2 als wissenschaftlicher Assistent oder in einer gleichwertigen Stellung an einer

reichsdeutschen Hochschule, im Dienste des Reichs, des preußischen Staates, eines der Länder und im Kolonialdienst mit Beamteneigenschaft zugebrachte Beschäftigung wird auf das Vergütungsdienstalter angerechnet, und zwar auch dann, wenn diese Dienstzeiten infolge zeitweiligen Ausscheidens aus einer der oben gedachten Stellungen nicht unmittelbar zusammenhängen. Die unter denselben Voraussetzungen im Gemeinde-, Kirchen- und Schuldienst oder im Dienste einer öffentlichen Körperschaft zurückgelegte Dienstzeit kann mit Zustimmung des Finanzministers in derselben Weise angerechnet werden.

(4) Die nach Erfüllung der Bedingungen zu Abs. 1 Satz 2 an wissenschaftlichen Hochschulen, im Dienste des Reiches, des Staates, eines der Länder, im Kolonial-, Gemeinde-, Kirchen- und Schuldienst oder im Dienst einer öffentlichen Körperschaft ohne Beamteneigenschaft ausgeübte Tätigkeit, soweit es sich dabei nicht um eine der unter Abs. 2 gedachten Tätigkeiten handelt, und private Tätigkeit kann, soweit sie 2 Jahre übersteigt, mit dem darüber hinausgehenden Zeitraum bis zur Hälfte, höchstens aber mit 7 Jahren auf das Vergütungsdienstalter angerechnet werden, wenn die Tätigkeit im Interesse der Vorbereitung für die Annahme als planmäßiger Assistent an einer preußischen Hochschule gelegen hat. Die Anrechnung der an ausländischen Hochschulen zurückgelegten Dienstzeit kann grundsätzlich nur dann in Frage kommen, wenn es sich um Hochschulen mit deutschem Charakter und deutscher Sprache handelt. Die Anrechnung kann nur mit Genehmigung des Fachministers erfolgen.

(5) Die Zeit von 2 Jahren, die nach Abs. 2 und 4 von vornherein nicht zur Berechnung kommt, bleibt, wenn die Voraussetzungen für die Anwendbarkeit beider Absätze vorliegen, nur einmal außer Ansatz.

(6) Soweit in Ausnahmefällen ein von den vorstehenden Grundsätzen abweichendes, für den Assistenten günstigeres Vergütungsdienstalter festgesetzt werden soll, bedarf es der Genehmigung des Fachministers im Einvernehmen mit dem Finanzminister.

b) Den wissenschaftlichen Assistenten gleichgestellte Konstruktions-, Betriebs- und Oberingenieure an den technischen Hochschulen.

164. (1) Die Bestimmungen unter Ziffer 163 Abs. 1 bis 6 finden auf die den wissenschaftlichen Assistenten gleichgestellten Konstruktions-, Betriebs- und Oberingenieure sinngemäß Anwendung mit Ausnahme der Bestimmung unter 4, soweit sie sich auf die Zeit der privaten Tätigkeit erstreckt.

(2) Die nach Erfüllung der Bedingungen unter Ziffer 163 Abs. 1 Satz 2 ausgeübte private Tätigkeit kann, soweit sie 2 Jahre übersteigt, mit dem darüber hinausgehenden Zeitraum bis zur Höchstdauer von 7 Jahren auf das Vergütungsdienstalter angerechnet werden.

165. Zu Ziffer 163 und 164: (1) Für die Anrechnung von Kriegsdienstzeit gelten Ziffer 65—71 entsprechend.

(2) Die Beschäftigung in einer entsprechenden Stellung an den Universitäten Frankfurt a. M. und Köln und an der Technischen Hochschule in Danzig wird derjenigen an den staatlichen preußischen Hochschulen gleichgestellt.

c) Sonstige den wissenschaftlichen Assistenten gleichgestellte Beamte.

166. Die Bestimmungen unter Ziffer 163 und 165 gelten für folgende den wissenschaftlichen Assistenten gleichgestellte Beamten:

a) im Bereiche der Bergverwaltung die Assistenten bei der Geologischen Landesanstalt in Berlin;

b) im Bereiche der landwirtschaftlichen Verwaltung die Assistenten bei den landwirtschaftlichen höheren Lehranstalten (Lehranstalt für Obst- und Gartenbau in Proskau und Lehranstalt für Wein-, Obst- und Gartenbau in Geisenheim), die Prosektoren, Apotheker und Oberassistenten an den tierärztlichen Hochschulen in Berlin und Hannover, die wissenschaftlich-technischen Hilfslehrer und die wissenschaftlich-technischen Hilfskräfte bei den landwirtschaftlichen Versuchs- und Forschungsanstalten in Landsberg a. W. (bisher bei dem Kaiser-Wilhelm-Institut für Landwirtschaft in Bromberg), die Assistenten am Institut für Binnenfischerei am Müggelsee;

c) im Bereiche der Verwaltung des Ministeriums für Wissenschaft, Kunst und Volksbildung die wissenschaftlichen Mitglieder und Assistenten beim Institut für experimentelle Therapie in Frankfurt a. M., den Assistenten an der Biologischen Anstalt auf Helgoland;

d) im Bereiche der Verwaltung des Ministeriums für Volkswohlfahrt die Assistenten beim Institut für Infektionskrankheiten „Robert Koch" in Berlin und bei den hygienischen Instituten in Beuthen, Saarbrücken und dem Ersatzinstitut für Posen und den Medizinaluntersuchungsämtern, die wissenschaftlichen Hilfsarbeiter bei der Landesanstalt für Wasserhygiene in Berlin-Dahlem.

2. Ortszuschlag und Dienstwohnung.

a) Ortszuschlag.

167. ($_1$) Zur Grundvergütung der nichtplanmäßigen Beamten tritt als weiterer Bestandteil des Diensteinkommens ein Ortszuschlag in Höhe von 80 v. H. des Ortszuschlags, den sie als planmäßige Beamte in der ersten Gehaltsstufe derjenigen Besoldungsgruppe beziehen würden, in der sie bei regelmäßigem Verlauf ihrer Dienstlaufbahn zuerst planmäßig angestellt werden (§ 14 Abs. 1 BDEG.).

($_2$) Während der Geltungsdauer des Gesetzes, betreffend die Gewährung von Notzuschlägen zu den gesetzlichen Kinderbeihilfen und die Gewährung des vollen Ortszuschlags an die nichtplanmäßigen Beamten und Volksschullehrpersonen, vom 18. Dezember 1920 (GS. 1921 S. 218) erhalten die nichtplanmäßigen Beamten mit Wirkung vom 1. Oktober 1920 an den genannten Ortszuschlag in voller Höhe.

168. Ist ein Zivilanwärter bis zur Vollendung des 5. Anwärterdienstjahres, ein Militäranwärter bis zur Vollendung des 4. Anwärterdienstjahres noch nicht planmäßig angestellt, so erhält der Zivilanwärter vom Beginne des 6., der Militäranwärter vom Beginne des 5. Anwärterdienstjahres an den Ortszuschlag, die sie als planmäßige Beamte in der von ihnen erreichten Vergütungsstufe beziehen würden, in voller Höhe (§ 14 Abs. 1 Satz 2 BDEG.).

169. Für die wissenschaftlichen Assistenten mit planmäßiger Vergütung bei den wissenschaftlichen Hochschulen und die ihnen gleichgestellten Hilfskräfte der wissenschaftlichen Hochschulen, Anstalten und Institute beträgt der Ortszuschlag 80 v. H. des Ortszuschlags, den sie als planmäßige Beamte in der ersten Gehaltsstufe der Besoldungsgruppe 10 beziehen würden, und, soweit die ihnen gewährte Grundvergütung in ihrer Höhe dem Grundgehaltssatze der Besoldungsgruppe 10 entspricht, 80 v. H. des Ortszuschlags, den sie als planmäßige Beamte in der von ihnen erreichten Vergütungsgruppe beziehen würden (§ 14 Abs. 2 BDEG.).

Ziffer 167 Abs. 2 findet Anwendung.

170. Ziffer 86 bis 96 gelten sinngemäß.

171. Auf die Vorrückung in höhere Ortszuschlaggruppen haben die nichtplanmäßigen Beamten keinen Rechtsanspruch (Ziffer 131, 132).

b) Dienstwohnung.

172. (1) Wird den nichtplanmäßigen Beamten einschließlich der wissenschaftlichen Assistenten eine Dienstwohnung zugewiesen, so gelten Ziffer 97 bis 102 sinngemäß mit der Maßgabe, daß als Besoldungsgruppe des Wohnungsinhabers diejenige gilt, nach der seine Anwärterbezüge berechnet werden, bei den in Ziffer 169 genannten Beamten die Besoldungsgruppe 10.

(2) Wird der Ortszuschlag nach Ziffer 167 und 169 nur gekürzt gewährt, so wird bei Bemessung der Höchstgrenze des Anrechnungsbetrags der gekürzte Ortszuschlag einschließlich Ausgleichszuschlag zugrunde gelegt.

3. Sondervergütungen, Nebenbezüge und sonstige Vergünstigungen.

173. Ziffer 103 bis 106 gelten sinngemäß für die nichtplanmäßigen Beamten.

II.
Kinderbeihilfen.

174. Ziffer 107 bis 122 gelten sinngemäß für die nichtplanmäßigen Beamten.

III.
Ausgleichszuschlag.

175. Ziffer 123 bis 124 gelten sinngemäß.

Zweiter Teil:

Zahlungsvorschriften.

176. (1) Die unmittelbaren Staatsbeamten, die eine planmäßige Stelle bekleiden, erhalten ihre Dienstbezüge, soweit sie ihnen in festen Barbezügen zustehen, aus der Staatskasse monatlich, bei Überweisung auf ein Konto vierteljährlich im voraus.

(2) Die nichtplanmäßigen Beamten (Stellenanwärter) erhalten ihre Dienstbezüge monatlich im voraus. Diese Bestimmung gilt nur für Beamte, die eine laufende Vergütung erhalten. Stellenanwärter, die nur eine Vergütung für die Dauer eines Beschäftigungsauftrags beziehen, und nichtplanmäßige Beamte, die noch keine Stellenanwärter sind, erhalten die Vergütung monatlich nachträglich gezahlt. Soweit bisher einzelnen noch nicht zu den Stellenanwärtern zählenden Beamten die Vergütung monatlich im voraus gezahlt ist, bleibt es dabei. Den neu einberufenen Beamten ist jedoch, solange sie noch nicht zu den Stellenanwärtern zählen, die Vergütung monatlich nachträglich zu zahlen.

(3) Die Dienstbezüge der planmäßigen Beamten werden nur dann vierteljährlich gezahlt, wenn der Beamte bei der zuständigen Kasse schriftlich die restlose Überweisung des Grundgehalts, des Ortszuschlags, der Kinderbeihilfen und des Ausgleichszuschlags und etwaiger sonstiger fortlaufender Bezüge auf ein Konto beantragt.

(4) Die Überweisung kann auf ein Bankkonto oder auf ein Postscheckkonto erfolgen. In den Anträgen auf Überweisung von Dienst- oder Versorgungsbezügen darf nur ein Bank- oder Sparkassen- oder Postscheckkonto bezeichnet werden. Anträge auf Überweisung der Bezüge in Teilen auf mehrere Konten sind wegen der damit verbundenen Belastung der Kassen nicht zulässig. Die an den Reichsbankgiroverkehr angeschlossenen Sparkassen und die als scheckfähig bezeichneten Genossenschaften, d. h. bankähnliche Genossenschaften, die sich nach den für ihren Geschäftsbereich maßgebenden Bestimmungen mit der Annahme von Geld und der Leistung von Zahlungen für fremde Rechnung befassen, sind bei Zahlung von Dienstbezügen einem Bankhause gleichzuachten.

(5) Die Banken usw. müssen die Verpflichtung übernehmen, überwiesene Beträge der Staatskasse wieder zuzuführen, wenn der Empfangsberechtigte den Fälligkeitstag nicht erlebt hat.

177. Damit die Beamten unter allen Umständen am Fälligkeitstage (das ist bei im voraus zahlbaren Bezügen der erste Tag des Vierteljahrs oder Monats oder, wenn dieser ein Sonn- oder Feiertag ist, der letzte Werktag vorher) über ihre Dienstbezüge verfügen können, ist folgendes bestimmt:

a) Zahlung im Girowege.

Die laufenden Bezüge sind auf das Reichsbankgirokonto der Bankhäuser oder Sparkassen an dem vierten des dem Fälligkeitstage vorhergehenden Werktage (also in der Regel am 28. März, 27. Juni, 27. September und 27. Dezember jedes Jahres) und, wenn der Fälligkeitstag auf einen Sonntag oder einen Festtag fällt, an dem fünften vorhergehenden Werktage durch roten Scheck zu überweisen.

b) **Zahlung im Postscheckverkehr.**

(Überweisung auf ein Postscheckkonto.) Die laufenden Bezüge sind auf das Konto der Bezugsberechtigten bei einer nur an den Postscheckverkehr — nicht auch an den Reichsbankgiroverkehr — angeschlossenen Bank- oder Sparkasse am vierten des dem Fälligkeitstage vorhergehenden Werktage zu überweisen.

(Zahlung durch Schecks.) Damit auch bei Zahlungen von Gehältern, Ruhegehalts- und Hinterbliebenenbezügen im Postscheckverkehr die Empfangsberechtigten am Fälligkeitstage in den Besitz ihrer Bezüge gelangen, sind die Zahlungsanweisungen und Sammelschecks am vierten des dem Fälligkeitstage vorhergehenden Werktage an das Postscheckamt abzusenden.

Dritter Teil:

Schlußvorschriften.

178. (1) Ergänzende Bestimmungen über die Gewährung des Diensteinkommens an die uniformierten und bewaffneten Beamten der der Verwaltung des Innern unterstehenden Schutzpolizei unter besonderen Verhältnissen, z. B. bei Urlaub, Krankheit, Dienstenthebung usw., erläßt der Minister des Innern im Einvernehmen mit dem Finanzminister.

(2) Ergänzende Vorschriften für die Festsetzung des AnwDA. und der AnwDZ. der nichtplanmäßigen Forstbetriebsbeamten erläßt der Minister für Landwirtschaft, Domänen und Forsten im Einvernehmen mit dem Finanzminister.

179. (1) Diese BB. treten mit Wirkung vom 1. April 1920 in Kraft.

(2) Alle ihnen entgegenstehenden Ausführungsbestimmungen, insbesondere die mit Wirkung vom 1. April 1911 in Kraft getretenen Gehaltsvorschriften vom 17. August 1911, werden mit Wirkung vom gleichen Tage an hiermit aufgehoben.

(3) Die Umrechnung auf Grund der Bestimmung im § 3 Abs. 3 Untersatz 1b BDEG., wonach den Militäranwärtern, deren Gesamtdienstzeit 13 Jahre überschritten hat, außer 5 Jahren noch für je 2 Jahre der längeren Dienstzeit ein weiteres Jahr, bis zur Höchstgrenze von insgesamt 8 Jahren auf das BDA. angerechnet werden soll, ist vorläufig nicht auszuführen. Weitere Weisung bleibt vorbehalten.

180. Soweit durch künftige Gesetzesänderungen oder durch eine Änderung der Reichsbesoldungsvorschriften ergänzende oder abweichende Bestimmungen notwendig werden, sind sie vom Finanzminister im Einvernehmen mit dem etwa beteiligten Fachminister zu erlassen. Diese Bestimmungen sind bei der nächsten Gelegenheit dem Landtage vorzulegen.

Berlin, den 8. Juli 1921.

Der Finanzminister.
Sämisch.

Anlage 1.

Gehaltstafel für die planmäßigen unmittelbaren Staatsbeamten mit aufsteigenden Gehältern.

1	2	3	4	5	6	7	8	9	10
Gruppe	Anfangsgrundgehalt M	Nach 2 Jahren M.	Nach 4 Jahren M.	Nach 6 Jahren M.	Nach 8 Jahren M.	Nach 10 Jahren M	Nach 12 Jahren M.	Nach 14 Jahren M.	Nach 16 Jahren M.
1	4 000	4 300	4 600	4 900	5 200	5 500	5 700	5 900	6 000
2	4 300	4 700	5 000	5 300	5 600	5 800	6 000	6 200	6 400
3	4 600	5 000	5 400	5 700	6 000	6 300	6 500	6 700	6 900
4	5 000	5 400	5 800	6 200	6 500	6 800	7 100	7 300	7 500
5	5 400	5 800	6 200	6 600	7 000	7 300	7 600	7 900	8 100
6	5 800	6 300	6 800	7 300	7 700	8 100	8 300	8 500	8 700
7	6 200	6 700	7 200	7 700	8 100	8 500	8 900	9 100	9 300
8	6 800	7 400	8 000	8 600	9 100	9 600	9 900	10 200	—
9	7 600	8 300	9 000	9 600	10 200	10 800	11 100	11 400	—
10	8 400	9 200	10 000	10 800	11 300	11 800	12 300	12 600	—
11	9 700	10 700	11 700	12 500	13 300	13 700	14 100	14 500	—
12	11 200	12 200	13 200	14 200	15 100	16 000	16 800	—	—
13	13 200	15 600	18 000	20 000	22 000	—	—	—	—

Anlage 2.

Ortszuschlag.

Der Ortszuschlag beträgt für planmäßige Beamte:

Bei einem Grundgehalt	in den Orten der Ortsklasse					Durchschnitt
	A	B	C	D	E	
	jährlich					
	ℳ	ℳ	ℳ	ℳ	ℳ	ℳ
bis 4900 ℳ	2000	1600	1400	1200	1000	1440
über 4900 bis 5700 ℳ	2500	2000	1700	1450	1200	1770
über 5700 bis 7000 ℳ	3000	2400	2000	1700	1400	2100
über 7000 bis 8100 ℳ	3500	2800	2300	1950	1600	2430
über 8100 bis 10500 ℳ	4000	3200	2600	2200	1800	2760
über 10500 bis 12500 ℳ	4500	3600	2900	2450	2000	3090
über 12500 ℳ	5000	4000	3200	2700	2200	3420

Anlage 3.

Nachweisung der Dienstbezüge für die nichtplanmäßigen unmittelbaren Staatsbeamten.

Es betragen die Grundvergütungssätze vom Beginn des

	1.	2.	3.	4.	5.
	Anwärterdienstjahres ab				
für Zivilanwärter	70 v. H.	80 v. H.	85 v. H.	90 v. H.	95 v. H.
für Militäranwärter	80 v. H.	85 v. H.	90 v. H.	95 v. H.	—
	des Anfangsgrundgehalts derjenigen Gruppe, in der der Stellenanwärter beim regelmäßigen Verlaufe seiner Dienstlaufbahn zuerst planmäßig angestellt wird				
	ℳ	ℳ	ℳ	ℳ	ℳ
Gruppe 1 Zivilanwärter	2800	3200	3400	3600	3800
Gruppe 1 Militäranwärter	3200	3400	3600	3800	—
Gruppe 2 Zivilanwärter	3010	3440	3655	3870	4085
Gruppe 2 Militäranwärter	3440	3655	3870	4085	—
Gruppe 3 Zivilanwärter	3220	3680	3910	4140	4370
Gruppe 3 Militäranwärter	3680	3910	4140	4370	—
Gruppe 4 Zivilanwärter	3500	4000	4250	4500	4750
Gruppe 4 Militäranwärter	4000	4250	4500	4750	—
Gruppe 5 Zivilanwärter	3780	4320	4590	4860	5130
Gruppe 5 Militäranwärter	4320	4590	4860	5130	—
Gruppe 6 Zivilanwärter	4060	4640	4930	5220	5510
Gruppe 6 Militäranwärter	4640	4930	5220	5510	—
Gruppe 7 Zivilanwärter	4340	4960	5270	5580	5890
Gruppe 7 Militäranwärter	4960	5270	5580	5890	—
Gruppe 8	4760	5440	5780	6120	6460
Gruppe 9	5320	6080	6460	6840	7220
Gruppe 10	5880	6720	7140	7560	7980

Anhang.

Verfügung des Preußischen Finanzministers vom 8. Juli 1921, betr. Ausführungsbestimmungen zum BDEG. (Preußische Besoldungsvorschriften — PBV. —) vom 8. Juli 1921 (F. M. Bes. 2314).

I.

In den Anlagen werden .... Druckstücke der vom Staatsministerium und vom Staatsrat genehmigten Preußischen Besoldungsvorschiften vom 8. Juli 1921 mit dem Ersuchen übersandt, künftig danach zu verfahren, insbesondere mit der Umrechnung des Besoldungsdienstalters und des Anwärterdienstalters sofort zu beginnen.

II.

Alle bisherigen den PBV. entgegengesetzten Ausführungsvorschriften werden hiemit aufgehoben.

III.

Besonders wird verwiesen auf:

a) Ziffer 47 Abs. 2 und 3, betr. das Besoldungsdienstalter solcher Beamten, die als zum 1. April 1920 befördert gelten;
b) auf Ziffer 52, betr. die Ausführung der Fußnote 1 zur Besoldungsgruppe 7;
c) auf Ziffer 118 und 119, betr. die Kürzung und das Ruhen von Kinderbeihilfen;
d) auf Ziffer 64, betr. die Anrechnung von Fachschulzeit auf das Besoldungsdienstalter;
e) auf Ziffer 157, betr. die Anrechnung bestimmter Vorbereitungszeiten der Anwärter für den Büro-, Kassen- und Registraturdienst;
f) auf Ziffer 159, betr. die Anrechnung der Zeit des Besuchs einer wissenschaftlichen Hochschule und der nachfolgenden Vorbereitungszeit auf das Anwärterdienstalter der Beamten der Gruppen 9 und 10.

IV.

a) Ziffer 141 b geht davon aus, daß künftig für die im nichttechnischen Sekretariats-, Registratur-, Kassen- und Rechnungsdienst anzustellenden Militäranwärter die Probedienstzeit mindestens ein Jahr statt bisher 6 Monate beträgt. Die Vorschrift der Ziffer 141 b ist nach Ziffer 49 (Schlußsatz) auch bei der Umrechnung des Besoldungsdienstalters für die am 1. April 1920 bereits vorhanden gewesenen Beamten dieser Art zu berücksichtigen. Ist daher infolge der vermehrten Anrechnung der Militärdienstzeit nach Ziffer 27 ff. und der Anwärterdienstzeit nach Ziffer 20 ff. das BDA. zu verbessern, so ist die danach sich ergebende Vorrückung so zu kürzen, als ob der Beamte 1 Jahr Probedienstzeit voll abgeleistet hätte.

b) Zur Vermeidung von Härten wird bestimmt, daß eine Verschlechterung des am 31. März 1920 erdienten, nach den bisherigen Vorschriften festgesetzten BDA. und AnwDA. in keinem Falle zulässig ist.

c) Soweit nach Abs. a eine Kürzung der auf Grund der bisherigen Ausführungsanweisung zum BDEG. vom 21. Januar 1921 — B. 1626 — angewiesenen Bezüge notwendig wird, genehmige ich, daß die überzahlten Beträge in Ausgabe belassen bleiben und die gekürzten Beträge erst vom 1. Oktober 1921 an gezahlt werden.

d) Für die zur Zeit im Probedienst befindlichen Militäranwärter verlängert sich die Probedienstzeit auf 1 Jahr, falls die bisher vorgeschriebenen 6 Monate Probedienstzeit nicht bis zum Ausgabetage der Nummer der Gesetzsammlung, in der die PBV. veröffentlicht werden, vollendet waren.

V.

Die für das Rechnungsjahr 1920 nachzuzahlenden Beträge sind bei den entsprechenden Titeln des Haushalts für 1921 nachzuweisen und zu verrechnen.

VI.

Um die Durchführung der PBV. zu erleichtern, werden noch die in der Sonderanlage abgedruckten Beispiele mitgeteilt.

VII.

Die zur geschäftlichen Erleichterung und zur Mitteilung an die Kassen erforderlichen Abdrucke dieses Erlasses und der Anlage liegen bei.

Zugleich im Namen des Ministers des Innern.

Der Preußische Finanzminister.
Saemisch.

An die nachgeordneten Behörden.

Sonderbeilage zu Bes. 2314
vom 8. Juli 1921.

Beispiele.

Zu Ziffer 37.

1. (Ziffer 37 Abs. 1 Satz 1.)

Es wird aufgerückt: von 4300 ℳ in Gruppe 1 auf 4700 ℳ in Gruppe 2, von 6000 ℳ in Gruppe 1 auf 6200 ℳ in Gruppe 2, von 5000 ℳ in Gruppe 2 auf 5400 ℳ in Gruppe 3, von 6000 ℳ in Gruppe 2 auf 6300 ℳ in Gruppe 3, von 5000 ℳ in Gruppe 3 auf 5400 ℳ in Gruppe 4, von 5400 ℳ in Gruppe 3 auf 5800 ℳ in Gruppe 4, von 6500 ℳ in Gruppe 3 auf 6800 ℳ in Gruppe 4, von 5400 ℳ in Gruppe 4 auf 5800 ℳ in Gruppe 5, von 5800 ℳ in Gruppe 4 auf 6200 ℳ in Gruppe 5, von 6200 ℳ in Gruppe 4 auf 6600 ℳ in Gruppe 5, von 7300 ℳ in Gruppe 4 auf 7600 ℳ in Gruppe 5, von 5800 ℳ in Gruppe 5 auf 6300 ℳ in Gruppe 6, von 7300 ℳ in Gruppe 5 auf 7700 ℳ in Gruppe 6, von 8100 ℳ in Gruppe 5 auf 8300 ℳ in Gruppe 6, von 7700 ℳ in Gruppe 6 auf 8100 ℳ in Gruppe 7, von 8100 ℳ in Gruppe 6 auf 8500 ℳ in Gruppe 7, von 8500 ℳ in Gruppe 6 auf 8900 ℳ in Gruppe 7, von 9100 ℳ in Gruppe 7 auf 9600 ℳ in Gruppe 8, von 9600 ℳ in Gruppe 8 auf 10 200 ℳ in Gruppe 9, von 10 200 ℳ in Gruppe 8 auf 10 800 ℳ in Gruppe 9 und 10 800 ℳ in Gruppe 9 auf 11 300 ℳ in Gruppe 10, von 13 200 ℳ in Gruppe 12 auf 15 600 ℳ in Gruppe 13.

2. (Ziffer 37 Abs. 1.)

Ein Beamter der Besoldungsgruppe 6 mit einem BDA. vom 1. April 1915 wird am 1. Oktober 1920 in eine Stelle der Besoldungsgruppe 7 befördert. Er erhält in Gruppe 6 ein Grundgehalt von 6800 ℳ, steigend am 1. April 1921 auf 7300 ℳ und in Gruppe 7 ein Grundgehalt von 7200 ℳ, steigend am 1. April 1921 auf 7700 ℳ, mithin ein BDA. vom 1. April 1915.

3. (Ziffer 37 Abs. 1.)

Wird derselbe Beamte erst am 1. Oktober 1926 in eine Stelle der Besoldungsgruppe 7 befördert, so erhält er in Gruppe 6 ein Grundgehalt von 8100 ℳ, steigend am 1. April 1927 auf 8300 ℳ und in Gruppe 7 ein Grundgehalt von 8500 ℳ (also ein Grundgehalt, das über den Satz von 8300 ℳ, den er am 1. April 1927 beziehen würde, hinausgeht), steigend am 1. Oktober 1928 auf 8900 ℳ und ein BDA. vom 1. Oktober 1916.

4. (Ziffer 37 Abs. 2 und 3.)

Ein Landrat der Besoldungsgruppe 11 mit einem BDA. vom 1. Januar 1908, der ein Grundgehalt von 14 100 ℳ, steigend am 1. Januar 1922 auf 14 500 ℳ und eine nichtruhegehaltsfähige Aufwandsentschädigung von 2000 ℳ erhält, wird zum 1. April 1921 zum Oberregierungsrat befördert. Er erhält in Gruppe 12 ein Grundgehalt von 15 100 ℳ, steigend am 1. Januar 1922 auf 16 000 ℳ und ein BDA. vom 1. Januar 1912.

5. (Ziffer 37 Abs. 3.)

Ein Beamter der Besoldungsgruppe 3 mit einem BDA. vom 1. April 1903, der zum 1. Juli 1921 in eine Stelle der Besoldungsgruppe 4 befördert wird, erhält nicht das dem bisherigen Grundgehalt von 6900 ℳ entsprechende höhere Grundgehalt von 7100 ℳ und damit ein BDA. vom 1. Juli 1909, sondern ein Grundgehalt von 7300 ℳ und ein BDA. vom 1. April 1907.

6. (Ziffer 37 Abs. 3.)

Ein Beamter der Besoldungsgruppe 5 mit einem BDA. vom 1. April 1901, der zum 1. April 1922 in eine Stelle der Besoldungsgruppe 6 befördert wird, erhält nicht den seinem Grundgehalt von 8100 ℳ in Gruppe 5 entsprechenden höheren Grundgehaltssatz in Besoldungsgruppe 6 (8300 ℳ) und damit ein BDA. vom 1. April 1910, sondern auch in Gruppe 6 das Höchstgehalt von 8700 ℳ und ein neues BDA. vom 1. April 1905.

7. (Ziffer 37 Abs. 3.)

Ein Beamter der Besoldungsgruppe 10 mit einem BDA. vom 1. April 1907, Grundgehalt 12 300 ℳ, steigend am 1. April 1921 auf 12 600 ℳ, wird am 1. April 1920 in eine Stelle der Besoldungsgruppe 11 befördert. Er erhält in Gruppe 11 nicht 12 500 ℳ, steigend am 1. April 1921 auf 13 300 ℳ und damit ein BDA. vom 1. April 1913, sondern ein Grundgehalt von 13 300 ℳ, steigend am 1. April 1921 auf 13 700 ℳ und ein BDA. vom 1. April 1911.

Zu Ziffer 39.

8. (Ziffer 39 Abs. 1.)

Ein Beamter der Besoldungsgruppe 2 mit einem BDA. vom 1. Oktober 1910 (5800 ℳ Grundgehalt) wird zum 1. April 1921 in eine Stelle der Besoldungsgruppe 4 befördert. Einzureihen in Gruppe 3 mit 6000 ℳ Grundgehalt, steigend am 1. Oktober 1922 auf 6300 ℳ (BDA. 1. Oktober 1912), sodann einzureihen in Besoldungsgruppe 4 mit 6200 ℳ, steigend am 1. Oktober 1922 auf 6500 ℳ BDA. 1. Oktober 1914.

9. (Ziffer 39 Abs. 1.)

Ein Beamter der Besoldungsgruppe 5 mit einem BDA. vom 1. April 1914 (6600 ℳ Grundgehalt) wird zum 1. April 1921 in eine Stelle der Besoldungsgruppe 7 befördert. Einzureihen in Gruppe 6 mit einem Grundgehalt von 6800 ℳ, steigend ab 1. April 1922 auf 7300 ℳ, BDA. 1. April 1916 und in Gruppe 7 mit einem Grundgehalt von 7200 ℳ, steigend am 1. April 1922 auf 7700 ℳ BDA. 1. April 1916.

10. (Ziffer 39 Abs. 1.)

Ein Beamter der Besoldungsgruppe 7 mit einem BDA. vom 1. April 1912 (Grundgehalt 8100 ℳ) wird zum 1. Juli 1921 in eine Stelle der Gruppe 10 befördert. Einzureihen in Gruppe 8 mit einem Grundgehalt von 8600 ℳ, steigend am 1. Juli 1923 auf 9100 ℳ (BDA. 1. Juli 1915), sodann einzureihen in Gruppe 9 mit einem Grundgehalt von 9000 ℳ, steigend am 1. Juli 1923 auf 9600 ℳ (BDA. 1. Juli 1917) und endlich einzureihen in Gruppe 10 mit einem Grundgehalt von 9200 ℳ, steigend am 1. Juli 1923 auf 10 000 ℳ (BDA. 1. Juli 1919).

11. (Ziffer 39 Abs. 1.)

Ein Beamter der Besoldungsgruppe 10 mit einem BDA. vom 1. April 1903 (Grundgehalt 12 600 ℳ) wird zum 1. April 1921 in eine Stelle der Besoldungsgruppe 13 befördert. Einzureihen in Gruppe 11 mit einem Grundgehalt von 14 500 ℳ (BDA. 1. April 1907), sodann einzureihen in Gruppe 12 mit einem Grundgehalt von 16 000 ℳ, steigend am 1. April 1923 auf 16 800 ℳ (BDA. 1. April 1911) und endlich einzureihen in Gruppe 13 mit 18 000 ℳ, steigend am 1. April 1923 auf 20 000 ℳ (BDA. 1. April 1917).

Zu Ziffer 40.

12. (Ziffer 40 Abs. 3.)

Ein Beamter der Besoldungsgruppe 8 mit einem BDA. vom 1. April 1912 (Grundgehalt 9100 ℳ) ist zum 1. April 1920 in eine Stelle der Gruppe 9 befördert (Grundgehalt 9600 ℳ, steigend am 1. April 1922 auf 10 200 ℳ) BDA. 1. April 1914. Am 1. Juli 1922 wird er auf seinen Antrag aus rein persönlichen Gründen unter Versetzung nach seinem früheren Dienstort in eine Stelle der Gruppe 8 zurückgeführt. Er erhält sein altes BDA. vom 1. April 1912; sein Grundgehalt wird von 10 200 ℳ auf 9600 ℳ ermäßigt.

13. (Ziffer 40 Abs. 4.)

Ein Beamter der Besoldungsgruppe 9 mit einem BDA. vom 1. April 1914 (Grundgehalt 9600 ℳ, steigend am 1. April 1922 auf 10 200 ℳ), der wegen körperlicher Unfähigkeit in einer Stelle der Besoldungsgruppe 9 nicht verbleiben konnte, wird zum 1. Oktober 1920 in eine Stelle der Gruppe 8 übergeführt. Er erhält hier denselben Grundgehaltssatz von 9600 ℳ, steigend am 1. April 1922 auf 9900 ℳ und ein BDA. vom 1. April 1910.

14. (Ziffer 40 Abs. 4.)

Hätte derselbe Beamte (Beispiel 13) ein BDA. in Gruppe 9 vom 1. April 1912 und ein Grundgehalt von 10 200 ℳ gehabt, so würde er in Gruppe 8 ein Grundgehalt von 10 200 ℳ und ein BDA. vom 1. April 1906 erhalten (nicht 1. Oktober 1906, weil in Gruppe 8 bei früherem Übertritt das Grundgehalt von 10 200 ℳ schon am 1. April 1920 erreicht worden wäre).

15. (Ziffer 40 Abs. 5.)

Derselbe Beamte (Beispiel 13 und 14) tritt am 1. April 1926 in eine Stelle der verlassenen Besoldungsgruppe 9 zurück. Im Falle des Beispiels 13 bezieht er dann in Gruppe 8 ein Grundgehalt von 10 200 ℳ. Er erhält in Besoldungsgruppe 9 wieder ein BDA. vom 1. April 1914 und ein Grundgehalt von 11 100 ℳ.

16. (Ziffer 40 Abs. 5.)

Wenn der Beamte ein BDA. in Gruppe 9 vom 1. April 1912 gehabt hätte (Beispiel 14), so würde er am 1. April 1926 in Gruppe 8 ebenfalls das Höchstgehalt von 10 200 ℳ beziehen und bei seinem Übertritt in Gruppe 9 ein BDA. vom 1. April 1912 und ein Grundgehalt von 11 400 ℳ erhalten.

Zu Ziffer 55.

17. Ein Beamter der Besoldungsgruppe 9 mit einem BDA. vom 1. Januar 1910 ist zum 1. April 1920 in den einstweiligen Ruhestand versetzt. Seit dem 1. Oktober 1920 wird er wieder als Beamter im Staatsdienst beschäftigt und am 1. April 1921 in einer Stelle der Besoldungsgruppe 9 wieder planmäßig angestellt. Sein BDA. ist auf den (1. Januar 1910 + 183 Tage, nämlich der Zeit vom 1. April 1920 bis zum 30. September 1920) 3. Juli 1910 festzusetzen.

18. Ein Beamter der Besoldungsgruppe 9 mit einem BDA. vom 1. Januar 1910 ist zum 1. April 1920 in den einstweiligen Ruhestand versetzt. Seit 1. Dezember 1920 wird er als Beamter im Staatsdienst wieder beschäftigt und am 1. April 1921 in einer Stelle der Besoldungsgruppe 10 wieder planmäßig angestellt. Zunächst ist sein BDA. in Gruppe 9 auf den (1. Januar 1910 + 244 Tage, nämlich die Zeit vom 1. April bis zum 30. November 1920) 2. September 1910 festzusetzen, Grundgehalt 10800 ℳ, steigend am 1. September 1922 auf 11100 ℳ, einzureihen in Besoldungsgruppe 10 mit einem Grundgehalt von 11300 ℳ, steigend am 1. April 1923 auf 11800 ℳ, BDA. 1. April 1913

19. Ein Beamter der Besoldungsgruppe 9 mit einem BDA. vom 1. Januar 1916 ist zum 1. April 1920 in den einstweiligen Ruhestand versetzt. Seit dem 1. Juli 1920 wird er als Beamter im Staatsdienst wieder beschäftigt und am 1. Oktober 1920 in einer Stelle der Besoldungsgruppe 8 wieder planmäßig angestellt. Sein BDA. in Gruppe 9 ist zunächst auf den (1. Januar 1916 + 91 Tage, nämlich vom 1. April bis zum 30. Juni 1920) 1. April 1916 festzusetzen. Grundgehalt 9000 ℳ, einzureihen in Gruppe 8 mit einem Grundgehalt von 9100 ℳ und einem BDA. vom 1. April 1912.

Zu Ziffern 58, 59.

20. Ein planmäßiger Landesbeamter, dessen bisheriges Gehalt der Gehaltsklasse der Besoldungsgruppe 8 des BDEG. entspricht, ohne mit dieser im Sinne der Ziffer 59 Abs. 1 PBV. übereinzustimmen, tritt in eine Stelle des Staatsdienstes über, welche der Besoldungsgruppe 8 angehört. Bezog der Beamte ein Grundgehalt nach Dienstaltersstufen, so ist zunächst in sinngemäßer Anwendung der PBV. sein BDA. in der bisherigen Gehaltsklasse zu ermitteln. Mit diesem BDA. ist er in Besoldungsgruppe 8 einzureihen.

Entspricht aber nicht nur die bisherige Gehaltsklasse des Beamten, sondern auch die Gehaltsklasse, der er unmittelbar vor dieser angehört hat, der Besoldungsgruppe 8, so ist er in die Besoldungsgruppe 8 mit einem BDA. einzureihen, das sich für diese frühere Gehaltsklasse errechnet.

21. Derselbe Beamte tritt am 1. Oktober 1920 in eine Stelle des Staatsdienstes über, welche der Besoldungsgruppe 9 angehört. Bezog der Beamte ein Grundgehalt nach Dienstaltersstufen, so ist er nach Errechnung seines bisherigen BDA. zunächst mit diesem in Besoldungsgruppe 8 einzureihen und von hier aus in Besoldungsgruppe 9 zu überführen. Ergibt sich beispielsweise für die bisherige Gehaltsklasse 8 ein BDA. vom 1. Januar 1913, so würde er bei Überführung in Gruppe 8 am 1. Oktober 1920 ein Grundgehalt von 8600 ℳ erhalten, steigend am 1. Januar 1921 auf 9100 ℳ. Er erhält also in Gruppe 9 vom 1. Oktober 1920 an ein Grundgehalt von 9000 ℳ, steigend am 1. Januar 1921 auf 9600 ℳ und ein BDA. vom 1. Januar 1915.

Zu Ziffer 62.

22. Ein Beamter der Besoldungsgruppe 6 in einem Orte der Ortsklasse B mit einem BDA. vom 1. April 1910 wird zum 1. Juli 1921 auf Grund eines Disziplinarurteils mit Verminderung des Dienst-

einkommens von 10 v. H. zur Strafe nach einem anderen Orte der Ortsklasse B versetzt. Er erhält in der neuen Stelle: Grundgehalt (8100 — 810 =) 7290 ℳ, Ortszuschlag (2800 — 280 =) 2520 ℳ und Ausgleichs- und Notzuschlag (67 v. H. von 9810 =) 6572,70 ℳ, zusammen 16 382,70 ℳ.

Zu Ziffer 67.

23. Anwärter der Besoldungsgruppe 7.

Ein am 1. April 1913 für den Büro- und Kassendienst vorgemerkter Zivilanwärter, der seiner gesetzlichen Dienstpflicht vom 1. Oktober 1911 bis zum 30. September 1912 genügt hat, ist vom 1. August 1914 bis zum 20. Dezember 1918 = 4 Jahre 142 Tage zum Kriegsdienst eingezogen gewesen. Er hätte nach der Reihenfolge seiner Vormerkung in der Bewerberliste und nach der tatsächlichen Stellenerledigung am am 1. April 1916 als Zivilsupernumerar einberufen werden können, wenn er nicht zum Kriegsdienst einberufen worden wäre. Er ist zum 1. April 1919 einberufen. Sein AnwDA. ist einstweilen auf den (1. April 1916 + 3 Jahre 14 Tage =) 15. April 1919 festgesetzt. Würde er die Prüfung rechtzeitig nach dem 1. April 1922 mit Erfolg ablegen, und würde er zum 1. April 1925 planmäßig angestellt werden, so würde sein BDA. auf den 15. April 1924 festzusetzen sein (15. April 1919 AnwDA. + 5 Jahre).

Anmerkung: Es ist angenommen, daß der Beamte 14 Tage nach dem Zeitpunkt, zu dem die Stelle erledigt war, seinen Dienst bei der Behörde angetreten hätte.

Zu Ziffern 67 und 72.

24. Beamter der Besoldungsgruppe 7.

Militärdienst 1. Oktober 1900 bis 30. September 1912 = 12 Jahre. Am 30. September 1912 mit dem Zivilversorgungsschein ausgeschieden. Infomatorische Beschäftigung bei der Behörde A vom 1. Oktober 1912 bis zum 31. Dezember 1912 = 92 Tage, bei der Behörde B vom 1. Januar 1913 bis zum 31. März 1913 = 90 Tage. Am 1. Juli 1913 zur Probedienstleistung für den Büro- und Kassendienst einberufen. Am 1. Januar 1914 endgültig in den Zivilstaatsdienst übernommen. Vom 1. August 1914 bis zum 31. Juli 1918 = 4 Jahre Kriegsdienst. Vom 1. August 1918 bis 31. Dezember 1919 Fortsetzung des Vorbereitungsdienstes. Prüfung rechtzeitig bestanden.

Anwärterdienstalter 1. Juli 1914. Am 1. April 1921 planmäßig angestellt, hätte aber am 1. Oktober 1919 planmäßig angestellt werden können, wenn er die Prüfung bereits abgelegt gehabt hätte. Auf das unberichtigte BDA. (1. April 1921) sind anzurechnen: 4 Jahre Militärdienstzeit, von der nachfolgenden Zivildienstzeit die Zeit vom 1. Oktober 1912 bis zum 31. März 1913 und vom 1. Juli 1913 bis zum 30. Dezember 1913 = 1 Jahr, von der Anwärterdienstzeit (1. Juli 1914 bis zum 31. März 1921 = 6 Jahre 274 Tage), die über 4 Jahre hinausgehende Dienstzeit = 2 Jahre 274 Tage, zusammen 7 Jahre 274 Tage, mithin BDA. 1. Juli 1913.

25. Hätte der Anwärter bereits am 1. April 1916 planmäßig angestellt werden können, so wären anzurechnen gewesen: 4 Jahre Mili-

tärdienstzeit, von der nachfolgenden Zivildienstzeit die Zeit vom 1. Oktober 1912 bis zum 31. März 1913 und vom 1. Juli 1913 bis zum 30. Dezember 1913 = 1 Jahr (4 + 1 = 5 Jahre) und die Zeit, um die die Anstellung durch den Krieg nachweislich verzögert worden ist (vom 1. April 1916 bis zum 31. März 1921 = 5 Jahre), zusammen 10 Jahre, mithin BDA. 1. April 1911.

Zu Ziffer 68.

26. Beamter der Besoldungsgruppe 4.

Militärdienstzeit 1. Oktober 1900 bis 30. September 1913 = 13 Jahre. Am 1. Juli 1914 in einer freien Stelle auf Probe angestellt. Vom 1. August 1914 bis 31. Dezember 1918 Kriegsdienst = 4 Jahre 153 Tage. Am 1. Januar 1919 wieder in Zivilstaatsdienst. Am 1. Mai 1919 in der Stelle bestätigt.

Normalmäßig wäre er bestätigt worden am 1. Januar 1915, infolge Kriegsdienstleistung wurde er erst bestätigt am 1. Mai 1919, mithin Verzögerung 4 Jahre 120 Tage.

Auf das unberichtigte BDA. (1. Mai 1919) sind daher anzurechnen: Militärdienstzeit 5 Jahre, Kriegsdienstzeit 4 Jahre 120 Tage, zusammen 9 Jahre 120 Tage, mithin BDA. 1. Januar 1910.

Zu Ziffer 69.

27. Beamter der Besoldungsgruppe 10.

Diplomingenieur 5. November 1911. Praktische Ausbildung vom 16. November 1911 bis zum 30. September 1912 = 320 Tage, vom 1. Oktober 1913 bis zum 13. Oktober 1914 = 1 Jahr 13 Tage, vom 12. Februar 1919 bis zum 21. März 1919 = 38 Tage, verschiedene Zeiten während des Kriegsdienstes mit zusammen 359 Tagen, zusammen 1 Jahr 730 Tage oder 3 Jahre.

Militär- und Kriegsdienstzeit: Gedient vom 1. Oktober 1912 bis zum 30. September 1913 = 1 Jahr, Kriegsdienst vom 14. Oktober 1914 bis zum 31. Dezember 1918 = 4 Jahre 79 Tage, Krankheit infolge der Kriegseinwirkungen vom 21. September 1919 bis zum 31. Oktober 1919 = 41 Tage, zusammen 5 Jahre 120 Tage. Davon ab die auf die Ausbildung angerechneten Zeiten = 359 Tage, bleiben 4 Jahre 126 Tage.

Aufgabe für die staatliche Prüfung erteilt am 5. März 1919 mit Ablieferungsfrist bis zum 4. Juni 1919. Ablieferung fristzeitig. Meldefrist für die weitere Prüfung bis 20. September 1919. Diese verlängert bis 5. November 1919, weil Prüfling an Nervenschwäche erkrankt war, für die nach dem amtsärztlichen Zeugnis die Kriegseinwirkung als Ursache angesehen ist. Meldung am 1. November 1919. Prüfung beendet 10. März 1920.

Anwärter- (Baumeister-) Dienstalter vom 10. März 1920 zu verbessern um 4 Jahre 126 Tage, mithin festzusetzen auf den 5. November 1915. (Hierzu tritt noch die weitere Verbesserung nach Ziffer 159.)

Stichwortverzeichnis.

Die Zahlen bezeichnen die Ziffern der Besoldungsvorschriften.

AnwDA. = Anwärterdienstalter, AnwDZ. = Anwärterdienstzeit, AZ. = Ausgleichszuschlag, BDA. = Besoldungsdienstalter, MDZ. = Militär- und Marinedienstzeit, OZ. = Ortszuschlag, ZDZ. = Zivildienstzeit.

A.

U.

V.

W.

Z.

FSC
www.fsc.org
MIX
Papier | Fördert
gute Waldnutzung
FSC® C083411

Kolibri 360 GmbH
Ferdinand-Jühlke-Straße 7
99095 Erfurt, Deutschland
produktsicherheit@kolibri360.de